LATEIN

als 2. Fremdsprache, 1. Lernjahr

PRÜFUNG LÖSUNG ÜBUNG

Oberstudiendirektor a. D. Anton Leitner

AGLV

40 original Schulaufgaben / Klassenarbeiten zu den gängigen Lehrbüchern wie Auspicia I, Cursus 1 B, Felix B I und prima B 1. Mit **Wortspeicher** und einem ausführlichen **Fragenkatalog zu Textverständnis, Grammatik, Kultur.**

www.aglv.com vollständige Neuausgabe

Der Verfasser:

Anton Leitner, geboren 1938, studierte nach dem Besuch des humanistischen Gymnasiums Latein, Griechisch, Germanistik und Geschichte. Nach dem Staatsexamen in allen vier Fächern war er zunächst als wissenschaftlicher Assistent an der Universität München tätig. Danach legte er seine zweite Staatsprüfung ab und unterrichtete für ein Jahrzehnt am Gymnasium Starnberg. Von dort wechselte er für acht Jahre in den Hauptpersonalrat beim Bayerischen Staatsministerium für Unterricht und Kultus. Von 1980 bis 2003 leitete er das von ihm gegründete Carl-Spitzweg-Gymnasium in Germering. Seine Schule wurde überregional bekannt, weil Leitners persönlicher Führungsstil von einem menschlich-liberalen Umgang mit Eltern und Schülern geprägt war, die für ihn stets im Zentrum des Lehrbetriebs standen.

Weitere vollständige Neuausgaben in der Lernhilfen-Reihe *PRÜFUNG/LÖSUNG/ÜBUNG*:

Oberstudiendirektor a. D. Anton Leitner, Latein als 2. Fremdsprache
Original Schulaufgaben / Klassenarbeiten mit Lösungen und Übungen
zu den gängigen Lehrbüchern. Inklusive Wortspeicher und ausführlichem Fragenkatalog zu Textverständnis, Grammatik, Kultur.
2. Lernjahr, ISBN 978-3-929433-02-9
3. Lernjahr, ISBN 978-3-929433-03-6 *inkl. Grammatik-Checkliste für das 1. bis 3. Lateinjahr*
4. Lernjahr, ISBN 978-3-929433-05-0 *Originalstücke zur Lektürevorbereitung mit Wiederholungsfragen zu den wichtigsten grammatikalischen Erscheinungen der ersten drei Lernjahre.* Lieferbar ab Winter 2009.

Rückmeldungen von LehrerInnen, SchülerInnen und Eltern an die Verlagsadresse sind willkommen und werden in Nachauflagen gerne berücksichtigt.

Anton G. Leitner Verlag, Buchenweg 3 b, D-82234 Weßling bei München
Telefon: 0 81 53 / 95 25 22, Telefax: 0 81 53 / 95 25 24
eMail: info@agl.info, Internet: www.aglv.com

Lektorat: Anton G. Leitner in Zusammenarbeit mit Philipp Appenzeller
Titelillustration und Satz: Vogt + Boerboom, Münsing/Weipertshausen
Belichtung, Druck und Bindung: Druckerei & Verlag Steinmeier GmbH & Co. KG, Deiningen
Printed in Germany / EU

ISBN 978-3-929433-01-2

1 2 3 4 5 6 7 8 9 – 12 11 10 09 08 07 06 05

INHALT

VORWORT 5

I. ***PRÜFUNG/LÖSUNG***

Übersetzungs- und Fragenteil einer 1. Schulaufgabe/Klassenarbeit mit Lösungen

1. De villa – Ein Landhaus 8

2. De vita Romanorum – Das Leben der Römer 12

3. De nuntio imperatoris – Der Bote des Kaisers 16

4. De foro – Das römische Forum 20

5. De amico Graeco – Der griechische Freund 24

6. De ludis – Die Spiele 28

7. Schwerpunkt Auspicia I

Amici forum visitant – Die Freunde besuchen das Forum 32

8. Schwerpunkt Felix B I

Theodorus forum visitat (I und II) –

Theodor besucht das Forum (I und II) 36

II. ***PRÜFUNG/LÖSUNG***

Übersetzungs- und Fragenteil einer 2. Schulaufgabe/Klassenarbeit mit Lösungen

1. De Socrate philosopho – Der Philosoph Sokrates 40

2. De bello Troiano – Der Trojanische Krieg 44

3. De monasterio Heisterbach (I und II) –

Das Kloster Heisterbach (I und II) 48

4. De uxore senatoris (I und II) – Die Frau des Senators (I und II) 52

5. De vulpe et corvo – Fuchs und Rabe 56

6. De mure urbana et de mure rustica (I und II) –

Stadt- und Landmaus (I und II) 60

7. Schwerpunkt Auspicia I

De philosopho claro – Ein berühmter Philosoph 64

8. Schwerpunkt Felix B I

Aulus et Theodorus villam avi visitaverunt (I und II) –

Aulus und Theodor besuchten die Villa des Großvaters (I und II) 68

III. *PRÜFUNG/LÖSUNG*

Übersetzungs- und Fragenteil einer 3. Schulaufgabe/Klassenarbeit mit Lösungen

1. De dracone – Der Drache 72
2. De virgine et equite – Die junge Frau und der Ritter 76
3. De Coriolano (I und II) – Coriolan (I und II) 80
4. De Orpheo – Orpheus 84
5. De Eurydica – Eurydike 88
6. De Circa – Kirke 92
7. Schwerpunkt Auspicia I De bello claro – Ein berühmter Krieg 96
8. Schwerpunkt Felix B I De Aenea (I und II) – Äneas (I und II) 100

IV. *PRÜFUNG/LÖSUNG*

Übersetzungs- und Fragenteil einer 4. Schulaufgabe/Klassenarbeit mit Lösungen

1. De Hannibale – Hannibal 104
2. De bellis Punicis – Die Punischen Kriege 108
3. De Diogene – Diogenes 112
4. De Dante – Dante 116
5. Eurylochus narrat – Eurylochus erzählt 120
6. Asterix et Obelix Romam visitant – Asterix und Obelix besuchen Rom 124
7. Schwerpunkt Auspicia I De aetate felici – Ein glückliches Zeitalter 128
8. Schwerpunkt Felix B I De Ulixe (I und II) – Odysseus (I und II) 132

INDEX
Der gesamte Stoff im Überblick 136

STOFFANGABEN
geordnet nach den Kapiteln der gängigen Lehrbücher 137

STOFFANGABEN
zu den gängigen Lehrbüchern, geordnet nach den Kapiteln dieser Lernhilfe 138

WORTSPEICHER
mit Zeichenerklärung 139

VORWORT

zur vollständigen Neuausgabe

Liebe Schülerinnen, liebe Schüler,

dieses Buch entstand hauptsächlich, weil ich in den langen Jahren des Unterrichtens immer wieder feststellte, dass viele von euch an der Übersetzung eines zusammenhängenden Textes zu ›beißen‹ haben.

Anhand von original Latein-Prüfungen, wie sie die neuen Lehrpläne erfordern, könnt ihr nun euren Latein-Wissensstand gezielt kontrollieren, erweitern und festigen. Darüber hinaus hilft die Sammlung, versäumten Stoff nachzuholen oder Nachprüfungen zu bestehen und ermöglicht die selbstständige Wiederholung größerer Stoffabschnitte in einem vertretbaren Zeitrahmen. Deshalb ist sie auch für das zweite Lernjahr zur Auffrischung des Grundlagenstoffes geeignet.

Das regelmäßige Arbeiten mit dieser Lernhilfe wird der echten Prüfungssituation ihren ›Schrecken‹ nehmen, weil ihr euch damit ein Schema für die anstehenden Schulaufgaben / Klassenarbeiten erarbeiten könnt und ein Gespür dafür bekommt, wie ihr sie angehen müsst.

- Um euch die Übersicht zu erleichtern und gleichzeitig möglichst viele Lateinbücher zu berücksichtigen, habe ich die Kapitel nach Stoffgebieten geordnet. So könnt ihr auch unabhängig von einem bestimmten Lehrbuch einzelne Abschnitte der Grammatik einüben.

- Der Stoff ist unter der jeweiligen Prüfung angegeben. Zusätzlich gibt der **Index** auf S. 136 einen Überblick über den Stoff aller Kapitel. **Stoffangaben** mit Verweisen auf die Lektionen der gängigen Lehrbücher wie *Auspicia I, Cursus 1 B, Felix B I* und *prima B 1* sind im Anhang des Buches (S. 137 f.) zusammengefasst. Da die einzelnen Lateinbücher zum Teil unterschiedlich aufgebaut sind, habe ich Kapitel, die besonders gut zu einem bestimmten Unterrichtswerk passen, als Schwerpunktkapitel gekennzeichnet.

- Unbekannte Wörter sind zum Teil direkt in den Texten angegeben. Für Vokabeln, in denen sich die einzelnen Lehrbücher unterscheiden, ist darüber hinaus ein eigener **Wortspeicher** (S. 139 ff.) abgedruckt. Er folgt in seiner Gliederung meinen Kapiteln. Für eure weitere Arbeit in Latein ist es im Übrigen sehr hilfreich, wenn ihr euch frühzeitig daran gewöhnt, unbekannte Vokabeln in einem Wörterbuch nachzuschlagen. Bitte lasst euch bei der Anschaffung von euren Lateinlehrern beraten.

Seit längerem ist es üblich, dass in Schulaufgaben / Klassenarbeiten neben einem Übersetzungsteil auch Fragen zum sprachlichen, grammatikalischen und geschichtlichen Hintergrund der Texte gestellt werden.

- Wie in einer echten Prüfung gibt es in diesem Buch nach jeder Übersetzung einen Fragenteil mit Aufgaben zur Grammatik (Sprach- und Textarbeit), kurze Übersetzungsübungen (Deutsch-Latein) sowie Sachfragen aus antiker Geschichte, Mythologie, Gesellschaft oder Literatur (Kultur). Sie beziehen sich auf den Inhalt der entsprechenden Prüfungstexte. Auf den darauf folgenden Seiten findet ihr die Lösungen.

- Aufgrund des individuellen Unterrichts ist es möglich, dass ihr die eine oder andere Frage zur Kultur nicht beantworten könnt; meine Lösungen dienen deshalb auch zu eurer Information und sollen zur weiteren Beschäftigung mit dem Thema anregen.

- Diese Ausgabe entspricht den Regeln der neuen deutschen Rechtschreibung.

Wie geht ihr nun bei der Benutzung des Buches am besten vor?

- Welche Prüfungsaufgabe genau zu eurem Wissensstand / Lehrbuchkapitel passt, entnehmt ihr bitte den *Stoffangaben* im Anhang (S. 137 f.). Eure Lehrerinnen und Lehrer geben im Regelfall bereits einige Tage vor der Prüfung den Stoffschwerpunkt bekannt. Schaut bitte sicherheitshalber immer die Stoffangaben aller Kapitel dieser Lernhilfe durch und bearbeitet erst danach die passenden Aufgaben.

- Es empfiehlt sich zunächst, diejenigen Kapitel des Wortschatzes in eurem Lateinbuch gründlich zu wiederholen, die den Schwerpunkt der jeweiligen Schulaufgabe / Klassenarbeit bilden.

- Meine Einteilung in 1. / 2. / 3. / 4. Schulaufgabe / Klassenarbeit markiert lediglich mögliche Stoffabschnitte, weil Lehrer Prüfungstexte – nach dem jeweiligen Vorankommen in der Klasse – individuell erstellen.

- Die Bearbeitung einer Prüfungsaufgabe sollte nicht länger als 45 Minuten dauern. Wenn ihr diese Zeitvorgabe einhaltet, gewöhnt ihr euch an die echte Prüfungssituation.

Viele Aufgaben in dieser Lernhilfe sind umfangreicher als normale Prüfungen. Befolgt deshalb bitte bei der Bearbeitung die entsprechenden Hinweise in den einzelnen Aufgaben, um den Zeitrahmen einer Prüfung einhalten zu können.

- Die Lösungen solltet ihr allerdings wirklich erst dann anschauen, wenn ihr eine Prüfungsaufgabe vollständig bearbeitet habt. Wer nämlich schon beim Übersetzen oder bei der Beantwortung von Fragen die Lösungen mit geübten Schülerblick ›überfliegt‹, bringt sich selbst um den Erfolg.

- Da sich in Nachauflagen von Unterrichtswerken manchmal die Nummerierung einzelner Kapitel ändert, solltet ihr meine Kapitelangaben zu *Auspicia I, Cursus 1 B, Felix B I* und *prima B 1* lediglich als Richtwerte betrachten und euch vor allem an den angegebenen Stoffeinheiten im Index (S. 136) orientieren.

Bei der Übersetzung solltet ihr sechs ›goldene Regeln‹ einhalten:

1. Lest den Satz mehrere Male durch und stellt fest, was Haupt- und Nebensatz ist!
2. Übersetzt zuerst den Hauptsatz, dann die Nebensätze!
3. Beginnt dabei immer mit dem Verbum und fahrt dann fort mit den Fragen: Wer? (Subjekt), Wen? (Akkusativ-Objekt), etc.
4. Löst die Partizipialkonstruktionen!
5. Achtet beim Zusammenfügen der so entstandenen Satzteile auf eine verständliche und flüssige Sprache!
6. Lest den fertigen Text noch einmal gründlich durch!

Für den Prüfungsernstfall wünsche ich euch alles Gute
und viel Erfolg!

Anton Leitner

I.1 PRÜFUNG

Übersetzungsteil einer 1. Schulaufgabe / Klassenarbeit

Im normalen Prüfungsfall endet die Schulaufgabe / Klassenarbeit nach Satz 9.
Bitte nutze die Sätze 10 bis 13 als zusätzliche Übung.

DE VILLA

1. Sol ardet et Romae silentium est. Familia Domitii in villam properat.
2. Aulus servum rogat: »Quid est? Cur pater non venit?«
3. Servus respondet: »Pater cessat venire. Nuntium imperatoris Hadriani exspectat.«
4. Aulus stat et tacet.
5. Servus rogat: »Cur taces, Aule? Silentium non placet, domine.«
6. Aulus respondet: »In villam properare debemus. Non placet villa sine patre.«
7. Subito canis Auli non iam tacet, sed clamat.
8. Procul eques apparet.
9. Ecce pater appropinquat.
10. Cuncti gaudent, rident, clamant.
11. Pater salutat: »Salve, mater! Salvete, amici! Tandem adsum.
12. Cur non in villa estis?«
13. Cuncti respondent: »In villam properare sine domino non placet.«

(69 Wörter + 26 Wörter)

Wähle aus folgenden Übungen drei Aufgaben für den Ernstfall aus.
Bitte nutze die restlichen Fragen als zusätzliche Übung.

1. SPRACH- UND TEXTARBEIT

1.1 Bilde mit folgenden Bausteinen drei kurze Sätze!

Beispiel: *Aul-* *-t*
tace- *-us*

Ergebnis: *Aulus tacet.*

Cunct- -nt
serv- -i
silenti- -t
gaude- -us
roga- -t
place- -um

1.2 Ordne nach Singular- und Pluralformen und übersetze anschließend!
stant, venit, properant, salvete, placet, exspectat, debemus

1.3 Übersetze!
a) Aulus' Hund bellt (= schreit).
b) Warum schweigst du, Aulus?
c) Wir müssen zur Villa eilen.
d) In der Ferne erscheint ein Reiter.

2. KULTUR

2.1 Welche Kleidung trugen die römischen Männer und Frauen?

2.2 Nenne zu folgenden lateinischen Wörtern die entsprechenden in Deutsch!
caseus, fenestra, carcer, fructus, speculum, cella

Stoff: 1. Satzlehre: Subjekt + Prädikat; Akk. Objekt; Angabe der Richtung; Genitiv-Attribut; Ablativ als Adverbiale
2. Formenlehre: Konjugation im Präsens: a-, e-, i-Konjugation + esse; Deklination: a-, o-, konsonantische Deklination (Nom., Gen., Akk.)

EIN LANDHAUS

1. Die Sonne brennt und in Rom herrscht Schweigen. Die Familie des Domitius eilt in das Landhaus.

2. Aulus fragt einen Sklaven: »Was ist los°? Warum kommt der Vater nicht?«

3. Der Sklave antwortet: »Der Vater zögert zu kommen. Er erwartet einen Boten des Kaisers Hadrian.«

4. Aulus steht da und schweigt.

5. Der Sklave fragt: »Warum schweigst du, Aulus? Dein° Schweigen gefällt nicht, Herr.«

6. Aulus antwortet: »Wir müssen in das Landhaus eilen. Das Landhaus ohne den Vater gefällt uns° nicht.«

7. Plötzlich ist der Hund des Aulus nicht mehr still, sondern er bellt (wörtlich: schreit).

8. In der Ferne erscheint ein Reiter.

9. Schau, da nähert sich der Vater.

10. Alle freuen sich, lachen und° rufen.

11. Der Vater grüßt: »Sei gegrüßt, Mutter! Seid gegrüßt, Freunde. Endlich bin ich da.

12. Warum seid ihr nicht im Landhaus?«

13. Alle antworten: »Es gefällt uns° nicht, ohne den Herrn in das Landhaus zu eilen.«

Lösung zu 1.1
a) Cuncti gaudent.
b) Servus rogat.
c) Silentium placet.

Lösung zu 1.2
Singular: venit, placet, exspectat
Plural: stant, properant, salvete, debemus

Übersetzung:
Singular: er / sie / es kommt, er / sie / es gefällt, er / sie / es wartet
Plural: sie stehen, sie eilen, seid gegrüßt, wir müssen

Lösung zu 1.3
a) Canis Auli clamat.
b) Cur taces, Aule?
c) In villam properare debemus.
d) Procul eques apparet.

Lösung zu 2.1
Die römischen Männer trugen neben einem Lendentuch eine Tunika und bei feierlichen Anlässen darüber eine Toga.
Die römischen Frauen trugen neben ihrer Unterwäsche ebenfalls eine Tunika und darüber öfters ein einfaches Kleid, eine Stola, gelegentlich auch einen umhangartigen Mantel, die Palla.

Lösung zu 2.2
Käse, Fenster, Kerker, Frucht, Spiegel, Keller bzw. Zelle

I.2 PRÜFUNG

Übersetzungsteil einer 1. Schulaufgabe / Klassenarbeit

Im normalen Prüfungsfall endet die Schulaufgabe / Klassenarbeit nach Satz 8.
Bitte nutze die Sätze 9 bis 12 als zusätzliche Übung.

DE VITA ROMANORUM

1. Pater rogat: »Ubi sunt servi et servae?
2. Cur non venitis? Ubi estis, Germane et Syra? Properare debemus, nam in villa amicos exspectamus.
3. Familia Marci senatoris amici in villam venit.«
4. Servi respondent: »Semper paremus, domine. Iam adsumus et raedam paramus.«
5. Pater iubet: »Nunc equum apportare debetis, servi.«
6. Equus apparet et cuncti gaudent.
7. Equum incitant. Equus statim volat et in villam properant.
8. Villa sub sole iacet et silentium est.
9. Etiam bestiae tacent.
10. Ecce ibi Gallus servus sedet et cunctos salutat.
11. »Salve, domine. Salvete, amici. Iam diu adsum et exspecto.«
12. Cuncta familia ridet, gaudet, amicos exspectat.

(70 Wörter + 26 Wörter)

Fragenteil einer 1. Schulaufgabe / Klassenarbeit

Wähle aus folgenden Übungen drei Aufgaben für den Ernstfall aus.
Bitte nutze die restlichen Fragen als zusätzliche Übung.

1. SPRACH- UND TEXTARBEIT

1.1 Ordne die Akkusativobjekte den passenden Sätzen zu!

I. amicos	a) Servi ______ parant.
II. equum	b) ______ exspectamus.
III. cunctos	c) Gallus ______ salutat.
IV. raedam	d) ______ apportate, servi!
V. servum	e) Dominus ______ rogat.

1.2 Ergänze die lateinischen Verbformen!
Beispiel: wir + par-   Lösung: paremus.

a) er / sie / es + vol-
b) ich + exspect-
c) ihr + deb-
d) sie + incit-
e) wir + par-

1.3 Übersetze!
a) Im Landhaus herrscht (ist) Schweigen.
b) Wir gehorchen immer, Herr.
c) Alle freuen sich.
d) Gallus begrüßt alle.
e) Die ganze Familie erwartet die Freunde.

2. KULTUR

Erkläre kurz die römische Namensgebung am Beispiel eines Mannes, einer Frau und eines Mädchens!

Stoff: 1. Satzlehre: Subjekt + Prädikat; Akk. Objekt; Angabe der Richtung; Genitiv-Attribut; Ablativ als Adverbiale
2. Formenlehre: Konjugation im Präsens: a-, e-, i-Konjugation + esse; Deklination: a-, o-, konsonantische Deklination (Nom., Gen., Akk.)

DAS LEBEN DER RÖMER

1. Der Vater fragt: »Wo sind die Sklaven und Sklavinnen?
2. Warum kommt ihr nicht? Wo seid ihr, Germanus und Syra? Wir müssen uns beeilen, denn im Landhaus erwarten wir Freunde.
3. Die Familie des Senators Marcus, eines Freundes, kommt in das Landhaus.«
4. Die Sklaven antworten: »Wir gehorchen immer, Herr. Wir sind schon da und bereiten den Wagen vor.«
5. Der Vater befiehlt: »Nun müsst ihr das Pferd herbeibringen, Sklaven.«
6. Das Pferd erscheint und alle freuen sich.
7. Sie feuern das Pferd an. Das Pferd rennt wie im Flug (wörtlich: fliegt sofort) und sie eilen in das Landhaus.
8. Das Landhaus liegt in der Sonne und es herrscht Schweigen.
9. Auch die Tiere schweigen.
10. Schau her, hier sitzt der Sklave Gallus und begrüßt alle.
11. »Sei gegrüßt, Herr. Seid gegrüßt, Freunde. Ich bin schon lange da und warte.«
12. Die ganze Familie lacht, freut sich und° erwartet die Freunde.

Lösung zu 1.1

I. b) Amicos exspectamus.
II. d) Equum apportate, servi!
III. c) Gallus cunctos salutat.
IV. a) Servi raedam parant.
V. e) Dominus servum rogat.

Lösung zu 1.2

a) volat
b) exspecto
c) debetis
d) incitant
e) paremus

Lösung zu 1.3

a) In villa silentium est.
b) Semper paremus, domine.
c) Cuncti gaudent.
d) Gallus cunctos salutat.
e) Cuncta familia amicos exspectat.

Lösung zu 2

Der Vater hat 3 Namen: 1. Marcus, 2. Tullius, 3. Cicero.
Marcus ist der Vorname, Tullius der Familienname und Cicero der Beiname.
Ciceros Schwester heißt einfach Tullia, d. h. sie bekommt, wie auch ihre Nichte (Ciceros Tochter), den Familiennamen mit weiblicher Endung.

I.3 PRÜFUNG

Übersetzungstell einer 1. Schulaufgabe / Klassenarbeit

Im normalen Prüfungsfall endet die Schulaufgabe / Klassenarbeit nach Satz 11.
Bitte nutze die Sätze 12 bis 17 als zusätzliche Übung.

DE NUNTIO IMPERATORIS

1. Servus clamat: »Ubi es, domine? Cito venire debes, nam eques appropinquat et villam intrare parat.«
2. Statim dominus apparet et equitem exspectat.
3. Tandem eques in villam venit.
4. Dominus equitem salutat: »Ave, amice! Lepidus senator sum.«
5. Tum rogat: »Quis es tu? Unde venis?«
6. »Nuntius imperatoris Hadriani sum.«
7. »Quid imperator iubet?«
8. Nuntius respondet: »Statim Romam properare debes.«
9. Senator stupet.
10. Nuntius: »Ave Procurator imperatoris Hadriani!
11. Insulam Cretam administrare debes.«
12. Pater gaudet et clamat: »Ubi estis? Cuncti statim venire debetis.
13. Valde gaudeo, nam procurator insulae Cretae sum.
14. Cito in insulam Cretam navigare debemus.«
15. Mater tacet et lacrimas non tenet.
16. Pater rogat: »Cur cessas, uxor? Cur pericula times?
17. Mihi placet Cretam administrare.«

(68 Wörter + 41 Wörter)

Wähle aus folgenden Übungen drei Aufgaben für den Ernstfall aus.
Bitte nutze die restlichen Fragen als zusätzliche Übung.

1. SPRACH- UND TEXTARBEIT

1.1 Setze folgende Sätze in den Plural!
- a) Eques appropinquat et villam intrat.
- b) Servus equitem salutat.
- c) Cito venire debes.
- d) Nuntius imperatoris Hadriani sum.
- e) Cur pericula times?

1.2 Benenne in folgenden Sätzen das Subjekt und das Prädikat!
- a) Dominus equitem salutat.
- b) Mater tacet et lacrimat.
- c) Cur cessas, uxor?
- d) Romam properare debes.
- e) Ubi es?

1.3 Übersetze!
- a) Wir erwarten Reiter.
- b) Ihr müsst alle sofort kommen.
- c) Warum fürchtest du die Gefahren, Gattin?
- d) Was befiehlt der Kaiser?
- e) Wer bist du? Woher kommst du?

2. KULTUR

2.1 Wie weit erstreckte sich das römische Weltreich zur Zeit des Kaisers Hadrian im Norden, im Süden, im Westen und im Osten?

2.2 Nenne zwei der Aufgaben, für die Prokuratoren zur Kaiserzeit zuständig waren?

Stoff: 1. Satzlehre: Subjekt + Prädikat; Akk. Objekt; Angabe der Richtung; Genitiv-Attribut; Ablativ als Adverbiale
2. Formenlehre: Konjugation im Präsens: a-, e-, i-Konjugation + esse; Deklination: a-, o-, konsonantische Deklination (Nom., Gen., Akk.)

DER BOTE DES KAISERS

1. Der Sklave ruft: »Wo bist du, Herr? Du musst schnell kommen, denn ein Reiter nähert sich und schickt sich an, das Landhaus zu betreten.«
2. Sofort erscheint der Herr und erwartet den Reiter.
3. Endlich kommt der Reiter in das Landhaus.
4. Der Herr begrüßt den Reiter: »Sei gegrüßt, Freund. Ich bin der Senator Lepidus.«
5. Dann fragt er: »Wer bist du? Woher kommst du?«
6. »Ich bin ein Bote des Kaisers Hadrian.«
7. »Was befiehlt der Kaiser?«
8. Der Bote antwortet: »Du musst unverzüglich nach Rom eilen.«
9. Der Senator ist erstaunt.
10. Der Bote: »Sei gegrüßt, Prokurator des Kaisers Hadrian!
11. Du musst die Insel Kreta verwalten.«
12. Der Vater freut sich und ruft: »Wo seid ihr? Ihr müsst alle sofort kommen.
13. Ich freue mich sehr, denn ich bin der Verwalter der Insel Kreta.
14. Wir müssen schnell zur Insel Kreta segeln.«
15. Die Mutter schweigt und hält die Tränen nicht zurück.
16. Der Vater fragt: »Warum zögerst du, Frau? Warum fürchtest du dich vor Gefahren?
17. Mir gefällt es, Kreta zu verwalten.«

Lösung zu 1.1

a) Equites appropinquant et villam intrant.
b) Servi equites salutant.
c) Cito venire debetis.
d) Nuntii imperatoris Hadriani sumus.
e) Cur pericula timetis?

Lösung zu 1.2

a) dominus – Subjekt
   salutat – Prädikat
b) mater – Subjekt
   tacet, lacrimat – Prädikat
c) cessas – Hier ist das Subjekt in der Endung des Verbums enthalten.
   cessas – Prädikat
d) properare debes – Hier ist ebenfalls das Subjekt in der Endung des Verbs enthalten.
   properare debes – Prädikat (Achtung: debere ist ein Hilfsverb!)
e) es – Hier stecken Subjekt und Prädikat in einem Verbum.

Lösung zu 1.3

a) Equites exspectamus.
b) Cuncti statim venire debetis.
c) Cur pericula times, uxor?
d) Quid imperator iubet?
e) Quis es? Unde venis?

Lösung zu 2.1

Das römische Weltreich erstreckte sich im Norden bis Schottland, im Süden bis Nordafrika, im Osten bis Syrien und im Westen bis Spanien.

Lösung zu 2.2

Ein Prokurator verwaltete z. B. für den Kaiser eine Provinz oder trieb Steuern ein.

I.4 PRÜFUNG

Übersetzungsteil einer 1. Schulaufgabe / Klassenarbeit

Im normalen Prüfungsfall endet die Schulaufgabe / Klassenarbeit nach Satz 8.
Bitte nutze die Sätze 9 bis 13 als zusätzliche Übung.

DE FORO

1. Aulus et Theodorus foro appropinquant, nam per forum ad circum accedere debent.

2. Ibi basilicae sunt.

3. In basilica turba clamat, quod (= weil) ibi mercator bestias vendit.

4. »Bestias vendo. Simiae *(simius, -ae (f)* Affe) et psittaci *(psittacus, -i (m)* der Papagei) hic adsunt.«

5. Amici ad basilicam contendunt, aedificium intrant, bestias spectant.

6. Soror *(soror, sororis (f)* Schwester) Auli et Antonia amica etiam mercatorem petunt.

7. Tum psittaci subito clamant: »Ecce simiae!« Tum cuncti rident et gaudent.

8. Subito mercator vini basilicam clamore complet.

9. Turba simias relinquit et ad mercatorem accedit.

10. Theodorus amicum rogat: »Quid est? Quis clamat? Cur cuncti nunc tacent et tantum (= nur) clamorem mercatoris audio?«

11. Amicus respondit: »Fur adest et vinum sumit.

12. Cuncti mercatores fures non amant.«

13. Theodorus rogat: »Quo soror et Antonia contendunt?«

(66 Wörter + 43 Wörter)

Wähle aus folgenden Übungen drei Aufgaben für den Ernstfall aus.
Bitte nutze die restlichen Fragen als zusätzliche Übung.

1. SPRACH- UND TEXTARBEIT

1.1 Bestimme die Bauteile der folgenden Sätze nach dem Muster:

Quintus	**amicum**	**exspectat.**
S(ubjekt)	O(bjekt) i. Akk.	P(rädikat)

a) Aulus et Quintus foro appropinquant.
b) Aedificium intrant.
c) Mercator basilicam clamore complet.
d) Mercatores fures non amant.

1.2 Bestimme von folgenden Verben den Bedeutungs- und den Signalteil und das Personzeichen nach folgendem Muster:

cant-a-t
cant- = Bedeutungsteil -a- = Kennvokal -t = Signalteil und das Personzeichen

a) clamat
b) vendo
c) contendunt
d) rident
e) audio

1.3 Übersetze!
a) Aulus nähert sich dem Forum.
b) Der Kaufmann verkauft in der Halle Tiere.
c) Alle lachen und freuen sich.
d) Die Kaufleute lieben Diebe nicht.
e) Wohin (= quo) eilen die Mädchen?

2. KULTUR

2.1 Welche Sprachen leiten sich direkt vom Lateinischen ab?

2.2 Welche beiden weiteren europäischen Sprachen enthalten sehr viele Wörter mit lateinischem Ursprung?

Stoff: 1. Satzlehre: Subjekt + Prädikat; Akk. Objekt; Angabe der Richtung; Genitiv-Attribut; Ablativ als Adverbiale
2. Formenlehre: Konjugation im Präsens: a-, e-, i-Konjugation + esse; Deklination: a-, o-, konsonantische Dekl. (Nom., Gen., Akk.)

DAS RÖMISCHE° FORUM

1. Aulus und Theodor nähern sich dem Forum, denn über das Forum müssen sie zum Zirkus gehen.
2. Dort sind Hallen.
3. In einer Halle macht eine (Menschen-)Menge Lärm, weil dort ein Kaufmann Tiere verkauft.
4. »Ich verkaufe Tiere. Affen und Papageien sind hier anwesend.«
5. Die Freunde eilen zur Halle, betreten das Gebäude und schauen die Tiere an.
6. Die Schwester von Aulus und Antonia, ihre Freundin, gehen ebenfalls auf den Kaufmann zu.
7. Da schreien die Papageien plötzlich: »Schau her, die Affen!« Da lachen alle und freuen sich.
8. Plötzlich erfüllt ein Weinhändler die Halle mit (seinem) Geschrei.
9. Die Menge verlässt die Affen und geht zum Kaufmann.
10. Theodor fragt den Freund: »Was ist los? Wer schreit? Warum schweigen jetzt alle und ich höre nur das Geschrei des Kaufmanns?«
11. Der Freund antwortet: »Es ist ein Dieb da und nimmt den Wein.
12. Alle Kaufleute haben Diebe nicht gern.«
13. Theodor fragt: »Wohin eilen deine Schwester und Antonia?«

Lösung zu 1.1

a)	Aulus et Quintus	foro	appropinquant.	
	S	O i. Dat.	P	
b)	Aedificium	intrant.		
	O i. Akk.	S + P		
c)	Mercator	basilicam	clamore	complet.
	S	O i. Akk.	O i. Abl.	P
d)	Mercatores	fures	non amant.	
	S	O i. Akk.	P	

Lösung zu 1.2

	Bedeutungsteil	Kennvokal	Signalteil und Personzeichen
a)	clam-	-a-	-t
b)	vend-	--	-o
c)	contend-	--	-nt
d)	rid-	-e-	-nt
e)	aud-	-i-	-o

Lösung zu 1.3

a) Aulus foro appropinquat.
b) Mercator in basilica bestias vendit.
c) Cuncti rident et gaudent.
d) Mercatores fures non amant.
e) Quo puellae contendunt?

Lösung zu 2.1

Folgende Sprachen leiten sich direkt vom Lateinischen ab: Italienisch, Spanisch, Portugiesisch, Französisch, Rumänisch, Ladinisch in Teilen der Schweiz.

Lösung zu 2.2

Englisch und Deutsch enthalten viele Wörter mit lateinischem Ursprung.

I.5 PRÜFUNG

Übersetzungsteil einer 1. Schulaufgabe / Klassenarbeit

Im normalen Prüfungsfall endet die Schulaufgabe / Klassenarbeit nach Satz 7.
Nutze die Sätze 8 bis 11 als zusätzliche Übung.

DE AMICO GRAECO

1. Theodorus e Graecia Romam properat et Aulum amicum visitat.
2. Aulus: »Salve, Theodore. Valde gaudeo, quod (= weil) me visitas.«
3. Aulus clamat: »Servi venire debent, nam amicus adest.«
4. Statim servi appropinquant, Theodorum amicum salutant, cibum parant.
5. Post cenam Aulus et Theodorus in forum properant.
6. Ibi Aulus amico monumenta *(monumentum, -i (n)* Denkmal), templa, curiam monstrat.
7. »Ecce templa deorum et dearum! Iuppiter pater hominum et deorum est, Iuno regina dearum, Venus dea amoris.
8. Hic audis clamorem mercatorum, ibi senatorem curiam intrare vides.«
9. Theodorus gaudet: »Tandem senatorem video.«
10. Aulus clamat: »Salve, senator! Filius Lepidi amici sum.«
11. Senator ridet et respondet: »Te saluto, amice. Properare debeo, nam cuncti senatores me iam diu exspectant.«

(68 Wörter + 38 Wörter)

Wähle aus folgenden Übungen drei Aufgaben für den Ernstfall aus.
Bitte nutze die restlichen Fragen als zusätzliche Übung.

1. SPRACH- UND TEXTARBEIT

1.1 Bestimme Kasus, Numerus und Genus der folgenden Substantive (bitte beachte gegebenenfalls mehrere Möglichkeiten):
a) amico (2 Möglichkeiten), b) hominum, c) monumenta (2), d) dearum, e) servi (2), f) amoris, g) mercatoris, h) senatorem, i) mercatores (2)

1.2 Bestimme folgende Verbformen und setze sie in den Singular bzw. Plural nach dem Muster: ***amo*** *1. Pers. Sing. Ind. Präs. Akt.* ***amamus***
a) vides b) salve c) properant
d) gaudeo e) sum

1.3 Verständnisfragen zu Prüfungstext I.5:
a) Nenne die Namen der drei Gottheiten, deren Tempel Aulus seinem Freund zeigt.
b) Wie versucht Aulus, den Senator auf sich aufmerksam zu machen?

1.4 Übersetze!
a) Ich freue mich sehr, weil du mich besuchst.
b) Die Sklaven müssen kommen.
c) Hier hörst du das Geschrei der Kaufleute.
d) Venus ist die Göttin der Liebe.
e) Ich grüße dich, Freund.

2. KULTUR

Beantworte folgende Fragen zum Circus Maximus in Rom:
a) Wie viele Zuschauer fasst der Zirkus?
b) Was ist eine Quadriga, was die Spina?
c) Nenne die vier Trikotfarben der Wagenlenker!
d) Wie viele Bahnen hat der Zirkus?
e) Wie viele Runden werden gefahren?

Stoff: 1. Satzlehre: Dat. als Objekt; Dat. des Besitzes; Grundfunktionen des Ablativs; Fragesätze
2. Formenlehre: konsonantische Konjugation; Imperativ; Gesamte Dekl.: o-, konsonantische Deklination; Adjektive der a- und o-Dekl. (1. Teil)

DER GRIECHISCHE FREUND

1. Theodor eilt aus Griechenland nach Rom und besucht seinen° Freund Aulus.

2. Aulus: »Grüß dich, Theodor. Ich freue mich sehr, weil du mich besuchst.«

3. Aulus ruft: »Die Sklaven sollen (= müssen) kommen, denn ein Freund ist da.«

4. Sofort nähern sich die Sklaven, begrüßen den Freund Theodor und richten Speisen her.

5. Nach dem Essen eilen Aulus und Theodor auf das Forum.

6. Dort zeigt Aulus dem Freund die Denkmäler, die Tempel und° das Rathaus.

7. »Schau her, da sind die Tempel der Götter und Göttinnen. Jupiter ist der Vater der Menschen und Götter, Juno die Königin der Göttinnen, Venus die Göttin der Liebe.

8. Hier hörst du das Geschrei der Kaufleute, dort siehst du einen Senator das Rathaus betreten.«

9. Theodor freut sich: »Endlich sehe ich einen Senator.«

10. Aulus schreit: »Sei gegrüßt, Senator. Ich bin der Sohn deines° Freundes Lepidus.«

11. Der Senator lacht und antwortet: »Ich grüße dich, Freund. Ich muss mich beeilen, denn alle Senatoren erwarten mich schon längst.«

Lösung zu 1.1

a) Dat. Sing. m. oder Abl. Sing. m.
b) Gen. Plur. m.
c) Nom. Plur. oder Akk. Plur. (Neutrum!)
d) Gen. Plur. f.
e) Gen. Sing. m. oder Nom. Plur. m.
f) Gen. Sing. m.
g) Gen. Sing. m.
h) Akk. Sing. m.
i) Nom. Plur. m. oder Akk. Plur. m.

Lösung zu 1.2

a) 2. Person Singular Indikativ Präsens **videtis**
b) 2. Person Sing. Imperativ Präsens **salvete**
c) 3. Person Plural Indikativ Präsens **properat**
d) 1. Person Sing. Indikativ Präsens **gaudemus**
e) 1. Person Sing. Indikativ Präsens **sumus**

Lösung zu 1.3

a) Jupiter, Juno, Venus
b) Er begrüßt ihn und stellt sich als Sohn eines Freundes vor.

Lösung zu 1.4

a) Valde gaudeo, quod me visitas.
b) Servi venire debent.
c) Hic clamorem mercatorum audis.
d) Venus dea amoris est.
e) Salve, amice!

Lösung zu 2

a) 200.000
b) Viergespann, Wendemarke auf der Rennbahn
c) Grün, rot, blau, weiß
d) 12
e) 7

Übersetzungsteil einer 1. Schulaufgabe / Klassenarbeit

Im normalen Prüfungsfall endet die Schulaufgabe / Klassenarbeit nach Satz 9.
Bitte nutze Satz 10 bis 14 als zusätzliche Übung.

DE LUDIS

1. Germanus servus venit et vocat: »Ubi estis, Theodore et Aule? Cur non venitis, amici?
2. Nuntium apporto: Hodie ludi sunt.«
3. Amici respondent: »Iam adsumus, nam clamorem hominum audimus.
4. Gaudemus, nam ludi valde placent.«
5. Aulus clamat: »Ubi es, soror (= Schwester)? Iam diu exspectamus.
6. Tandem venire debes, nam statim in circum properamus.«
7. Soror adest et cuncti in circum volant (= currunt).
8. Ibi intrant, sedent, spectaculum exspectant.
9. Subito cuncti tacent, nam imperator apparet.
10. Homines stant, clamant, salutant: »Salve, imperator!«
11. Portae patent, aurigae (= Wagenlenker) et equi veniunt et signum exspectant.
12. Tum cuncti verba imperatoris audiunt: Signum spectaculi dat.
13. Nunc in circo furor est et cuncti equos incitant.
14. Theodorus amicum rogat: »Quid est, Aule? Cur cuncti ludos ita (= so) amatis?«

(68 Wörter + 43 Wörter)

Stoff: 1. Satzlehre: Dat. als Objekt; Dat. des Besitzes; Grundfunktionen des Ablativs; Fragesätze
2. Formenlehre: konsonantische Konjugation; Imperativ; Gesamte Dekl.: o-, konsonantische Deklination; Adjektive der a- und o-Dekl. (1. Teil)

Wähle aus folgenden Übungen drei Aufgaben für den Ernstfall aus.
Bitte nutze die restlichen Fragen als zusätzliche Übung.

1. SPRACH- UND TEXTARBEIT

1.1 Setze folgende Sätze in den Singular:
- a) Ubi estis, amici?
- b) Amici respondent: »Iam adsumus, nam clamorem hominum audimus.«
- c) Iam diu exspectamus.
- d) Ibi intrant, sedent, spectaculum exspectant.
- e) Portae patent.

1.2 Bilde folgende Formen:
- a) 1. Person Plural Indikativ Präsens Aktiv von audire
- b) 3. Person Sing. Ind. Präs. Aktiv von placere
- c) 2. Person Plur. Ind. Präs. Aktiv von amare
- d) 2. Person Sing. Ind. Präs. Aktiv von debere
- e) 1. Person Sing. Ind. Präs. Aktiv von adesse

1.3 Bestimme von folgenden Verben das Personzeichen:
a) audio b) amatis c) exspectant d) properamus e) rogat

1.4 Ordne folgenden Bedeutungsteilen den Signalteil für den Akk. Sing. und den Gen. Plur. zu:
Beispiel: Bedeutungsteil: *amic-* Akk. Sing.: *-um* Gen. Plur.: *-orum*
a) equit- b) mercator- c) lud- d) verb- e) soror-

1.5 Übersetze!
- a) Warum kommt ihr nicht, Theodor und Aulus?
- b) Ihr müsst endlich kommen.
- c) Wir eilen in den Zirkus.
- d) Dort erwarten wir das Schauspiel.
- e) Dann hören alle die Worte des Kaisers.

2. KULTUR

Beantworte einige weitere Fragen zum Circus Maximus (s. Übung I.5):
- a) Wie lang und wie breit war der Circus Maximus?
- b) Was bedeutet »pompa circensis«?
- c) Wie geht der Start des Rennens vor sich?

DIE SPIELE

1. Der Sklave Germanus kommt und ruft: »Wo seid ihr, Theodor und Aulus? Warum kommt ihr nicht, Freunde?

2. Ich bringe eine Nachricht: Heute sind Spiele.«

3. Die Freunde antworten: »Wir sind schon da, denn wir hören das Geschrei der Menschen.

4. Wir freuen uns, denn die Spiele gefallen uns° sehr.«

5. Aulus ruft: »Wo bist du, Schwester? Wir warten schon lange.

6. Du musst endlich kommen, denn wir eilen sofort in den Zirkus.«

7. Die Schwester ist da und alle rennen in den Zirkus.

8. Dort gehen sie hinein, setzen sich und° erwarten das Schauspiel.

9. Plötzlich schweigen alle, denn der Kaiser erscheint.

10. Die Menschen stehen, rufen und° grüßen: »Sei gegrüßt, Kaiser!«

11. Die Tore öffnen sich; die Wagenlenker und die Pferde kommen und erwarten ein Zeichen (zum Start°).

12. Dann hören alle die Worte des Kaisers: Er gibt das Startzeichen (wörtlich: Zeichen) für das Schauspiel.

13. Nun ist im Zirkus die Hölle los (wörtlich: eine Raserei) und alle feuern die Pferde an.

14. Theodor fragt seinen Freund: »Was ist los°, Aulus? Warum liebt ihr alle die Spiele so?«

Lösung zu 1.1

a) Ubi es, amice?
b) Amicus respondet: »Iam adsum, nam clamorem hominum audio.«
c) Iam diu exspecto.
d) Ibi intrat, sedet, spectaculum exspectat.
e) Porta patet.

Lösung zu 1.2

a) audimus b) placet c) amatis d) debes e) adsum

Lösung zu 1.3

a) -o b) -tis c) -nt d) -mus e) -t

Lösung zu 1.4

a) Akk. Sing.: -em, Gen. Plur.: -um
b) Akk. Sing.: -em, Gen. Plur.: -um
c) Akk. Sing.: -um, Gen. Plur.: -orum
d) Akk. Sing.: -um, Gen. Plur.: -orum
e) Akk. Sing.: -em, Gen. Plur.: -um

Lösung zu 1.5

a) Cur non venitis, Theodore et Aule?
b) Tandem venire debetis.
c) In circum properamus.
d) Ibi spectaculum exspectamus.
e) Tum cuncti verba imperatoris audiunt.

Lösung zu 2

a) Der Circus Maximus war 630 m lang und 110 m breit.
b) Eine »pompa circensis« ist ein Zug vom Kapitol zum Zirkus, an dem die Wagenlenker, Musikanten und Priester mit Götterbildern teilnehmen.
c) Der Kaiser oder ein von ihm Beauftragter lässt ein weißes Tuch auf die Rennbahn fallen. Dies ist ein Zeichen zum Öffnen der Boxen und zum Beginn des Rennens.

AMICI FORUM VISITANT

1. Dum amici in foro sedent, hic feminae ex templo Vestae properant, ibi viri magno studio de dis narrant.
2. Marcus amicum rogat: »Cur non in villam meam properamus, ubi tibi statuas pulchras monstrabo (übersetze: *monstro),* amice?«
3. Amicus: »Cur me verbis tuis terres?«
4. »Quam mala cogitas!« *(cogitare* = denken)
5. Pueri tacent et in villam Marci properant.
6. Ibi Marcus amico multa monstrat.
7. Marcus: »Statuas dearum bene curo.«
8. Amicus: »Nos habemus vitam miseram.
9. Fortuna virorum integrorum saepe aspera est.«

(73 Wörter)

Wähle aus folgenden Übungen drei Aufgaben für den Ernstfall aus.
Bitte nutze die restlichen Fragen als zusätzliche Übung.

1. SPRACH- UND TEXTARBEIT

1.1 Bestimme folgende Formen und übersetze sie:
a) sedent b) properamus c) monstro d) terres e) curo

1.2 Setze die passende Form des Possessivpronomens ein:
a) Amici (meus, -a, -um) in foro sedent.
b) Fortuna (noster, nostra, nostrum) mala est.
c) Statuae (vester, vestra, vestrum) pulchrae sunt.
d) Fabula amici (tuus, -a, -um) animum (meus, -a, -um) delectat.
e) Vita (noster, nostra, nostrum) misera est.

1.3 Was bedeuten folgende Fremdwörter und von welchen lateinischen Wörtern sind sie abgeleitet?
a) Terror b) Kur c) kurieren d) miserabel
e) integer f) Vitamin g) Antiquar

1.4 Übersetze!
a) Ich zeige dir das Forum, Freund.
b) Du kümmerst dich gut um die Statuen.
c) Die Buben schweigen.
d) Warum erschreckst du mich?
e) Wir eilen.

1.5 Bilde zu folgenden Substantiven den Genitiv Plural:
a) amicus b) vir c) puer d) verbum e) templum

Stoff: Formenlehre: Präsens und Imperativ der a-, e-Konjugation + esse; a- und o-Deklination + Adjektive der a- und o-Deklination, Possessivpronomina

DIE FREUNDE BESUCHEN DAS FORUM

1. Während die Freunde auf dem Forum sitzen, eilen hier die Frauen aus dem Tempel der Vesta, dort erzählen die Männer mit großem Eifer von den Göttern.

2. Marcus fragt den Freund: »Warum eilen wir nicht zu meinem Landgut, wo ich dir schöne Statuen zeige, Freund?«

3. Der Freund: »Warum erschreckst du mich mit deinen Worten?«

4. »Wie schlecht du denkst!«

5. Die Buben schweigen und eilen zur Villa des Marcus.

6. Dort zeigt Marcus dem Freund viel(es).

7. Marcus: »Ich kümmere mich gut um die Statuen der Göttinnen.«

8. Der Freund: »Wir haben ein elendes Leben.

9. Das Schicksal untadeliger Männer ist oft rauh.«

Lösung zu 1.1

a) 3. Person Plural Indikativ Aktiv Präsens	sie sitzen
b) 1. Person Plural Ind. Aktiv Präsens	wir eilen
c) 1. Person Sing. Ind. Aktiv Präsens	ich zeige
d) 2. Person Sing. Ind. Aktiv Präsens	du erschreckst
e) 1. Person Sing. Ind. Aktiv Präsens	ich kümmere mich

Lösung zu 1.2

a) Amici mei in foro sedent.
b) Fortuna nostra mala est.
c) Statuae vestrae pulchrae sunt.
d) Fabula amici tui animum meum delectat.
e) Vita nostra misera est.

Lösung zu 1.3

Bedeutung	**Herkunft**
a) Schrecken	terror, terroris
b) Sorge, hauptsächlich für die Gesundheit	cura, -ae
c) Ausheilen einer Krankheit	curare
d) elend	miser, -era, -erum
e) unbescholten	integer, -gra, -grum
f) lebenswichtiges Mittel	vita, -ae
g) Antiquitätenhändler (z. B. Bücher)	antiquus, -a, -um

Lösung zu 1.4

a) Forum tibi monstro, amice.
b) Statuas bene curas.
c) Pueri tacent.
d) Cur me terres?
e) Properamus.

Lösung zu 1.5

a) amicorum b) virorum c) puerorum d) verborum e) templorum

I.8 PRÜFUNG

Schwerpunkt Felix B I | **Übersetzungsteil** einer 1. Schulaufgabe / Klassenarbeit

Bitte löse zunächst den ersten Übersetzungsteil und nutze den zweiten Teil als zusätzliche Prüfungsaufgabe.

THEODORUS FORUM VISITAT I *(visitare* besuchen)

1. Aulus et Theodorus, amici, in forum properant.
2. Dum Aulus ibi amico monumenta, templa, curiam monstrat, subito voces audiunt.
3. Servi vocant: »Date locum, nam M. Licinius, senator, in lectica *(lectica, -ae (f)* die Sänfte) curiam petit.«
4. Theodorus gaudet: »Tandem senatorem video.«
5. Subito servi lecticam deponunt et senator servos dimittit.
6. Populum salutat: »Salvete, amici et amicae!« Tum curiam intrat.
7. In foro ubique mercatores negotia agunt.
8. Romani accedunt et emunt.

THEODORUS FORUM VISITAT II

1. Subito populus tacet, nam Cornelia Vestalis cum lictore in templum ascendit, ubi flammas in ara Vestae servat.
2. Romani Vestam suppliciis placare student.
3. Populus: »Serva Romanos ab iniuriis, Vesta!«
4. Subito Aulus: »Veni, Theodore!
5. In domicilio esse desidero, nam hic clamorem et ardorem non iam tolero.
6. Itaque per Suburam (= Subura, berühmt-berüchtigter Stadtteil Roms) ad Esquilias properare debemus.«
7. Philippus servus amicos videt et vocat: »Cur hic estis?
8. Nonne pericula scitis?
9. Venite!«

(65 Wörter + 67 Wörter)

Wähle aus folgenden Übungen drei Aufgaben für den Ernstfall aus.
Bitte nutze die restlichen Fragen als zusätzliche Übung.

1. SPRACH- UND TEXTARBEIT

1.1 Bestimme von folgenden Substantiven Kasus und Numerus und gib den Nominativ Singular an:
a) voces b) amico c) monumenta d) flammas
e) pericula f) ab iniuriis

1.2 Setze folgende Verbformen in den Singular bzw. Plural:
a) audiunt b) date locum c) petit d) video
e) salvete f) agunt g) estis

1.3 Setze folgende Formen unter Beachtung des Numerus in den Imperativ und den Infinitiv Präsens Aktiv:
a) monstrat b) vocant c) deponunt d) dimittit
e) student f) salutat

1.4 Konjugiere folgende Verben lateinisch und deutsch im Präsens Aktiv:
a) audire b) dimittere c) monstrare

2. KULTUR

2.1 Nenne drei wichtige Aufgaben eines Ädilen im alten Rom!

2.2 Erkläre kurz folgende Begriffe:
a) basilica b) insula c) Subura

Stoff: 1. Satzlehre: Subjekt und Prädikat; Substantiv als Attribut und Prädikatsnomen; Subjekt im Prädikat; Akkusativ als Objekt; Ortsangaben mit Präpositionen; Präpositionalausdruck als Adverbiale; Ablativ als Adverbiale (Mittel, Grund)
2. Formenlehre: Substantive (Nominativ, Vokativ, Akkusativ, Ablativ); Verben im Präsens; Imperativ I; i-Konjugation; Personalpronomen; Substantive der dritten Deklination: Wortstamm

I.8 LÖSUNG

THEODOR BESUCHT DAS FORUM I

1. Die Freunde Aulus und Theodor eilen zum Forum.
2. Während Aulus dort dem Freund Denkmäler, Tempel und° die Kurie zeigt, hören sie plötzlich Stimmen.
3. Sklaven rufen: »Macht Platz, denn der Senator M. Licinius sucht in einer Sänfte das Rathaus auf.«
4. Theodor freut sich: »Endlich sehe ich einen Senator.«
5. Sofort stellen die Diener die Sänfte ab, und der Senator schickt die Diener weg.
6. Er grüßt das Volk: »Seid gegrüßt, Freunde und Freundinnen.« Dann betritt er das Rathaus.
7. Überall auf dem Forum betreiben die Kaufleute ihre Geschäfte.
8. Die Römer kommen herbei und kaufen.

THEODOR BESUCHT DAS FORUM II

1. Plötzlich schweigt das Volk, denn die Vestalin Cornelia steigt mit einem Liktor zum Tempel hinauf, wo sie die Flammen auf dem Altar der Vesta hütet.
2. Die Römer trachten danach, die Vesta durch Fürbitten zu versöhnen.
3. Das Volk: »Bewahre die Römer vor Ungerechtigkeiten, Vesta!«
4. Plötzlich (ruft) Aulus: »Komm, Theodor!
5. Ich sehne mich danach, zu Hause zu sein, denn hier ertrage ich das Geschrei und die Hitze nicht mehr.
6. Deshalb müssen wir durch die Subura zum Esquilin eilen.«
7. Der Sklave Philipp sieht die Freunde und ruft: »Warum seid ihr hier?
8. Kennt ihr die Gefahren nicht?
9. Kommt!«

Lösung zu 1.1

a) Akk. oder Nom. Plural; vox
b) Dat. oder Abl. Sing.; amicus
c) Nom. oder Akk. Pl.; monumentum
d) Akk. Pl.; flamma
e) Nom. oder Akk. Pl.; periculum
f) Abl. Pl.; iniuria

Lösung zu 1.2

a) audit
b) da locum
c) petunt
d) videmus
e) salve
f) agit
g) es

Lösung zu 1.3

a) monstra, monstrare
b) vocate, vocare
c) deponite, deponere
d) dimitte, dimittere
e) studete, studere
f) saluta, salutare

Lösung zu 1.4

a) audio, audis, audit, audimus, auditis, audiunt
ich höre, du hörst, er / sie / es hört, wir hören, ihr hört, sie hören
b) dimitto, dimittis, dimittit, dimittimus, dimittitis, dimittunt
ich entlasse, du entlässt, er / sie / es entlässt, wir entlassen, ihr entlasst, sie entlassen
c) monstro, monstras, monstrat, monstramus, monstratis, monstrant
ich zeige, du zeigst, er / sie / es zeigt, wir zeigen, ihr zeigt, sie zeigen

Lösung zu 2.1

Er kümmert sich um die Wasserversorgung, den Markt und die Straßen.

Lösung zu 2.2

a) Säulenhalle, überwiegend genützt für Gerichtsverfahren; im Frühmittelalter auch eine Hallenkirche
b) Insel; auch Mietshaus
c) berühmt-berüchtigtes Stadtviertel Roms zwischen Forum und Esquilin

II.1 PRÜFUNG

Übersetzungsteil einer 2. Schulaufgabe / Klassenarbeit

Im normalen Prüfungsfall endet die Schulaufgabe / Klassenarbeit nach Satz 8.
Bitte nutze die Sätze 9 bis 13 als zusätzliche Übung.

DE SOCRATE PHILOSOPHO

1. In schola amici de Socrate philosopho (= Philosoph) disputant.

2. Dum nox est et Aulus dormit, subito Graecus quidam (= ein gewisser) apparet. Aulum sumit, Athenas ducit.

3. Currunt in forum et ibi ambulant.

4. Graecus multos amicos salutat: »Salvete, amici!«

5. Rogat: »Quid est? Gaudia non videmus, nihil novum audimus.«

6. »Cuncti maesti sumus, quod Socrates philosophus, amicus hominum, apud iudices apparere debet.

7. Magnus philosophus est et vitiis vacat (*vacare* frei sein von).

8. Multum de fortuna hominum cogitat, sed exempla sapientiae Socratis non cunctis placent.«

9. »Da exemplum, amice!«

10. »Socrates dicit: Cuncti homines aequi nati sunt, non alii domini, alii servi.

11. Itaque multi de salute (= Wohl) civitatis (= Staat) timent et philosophum ad iudices vocant.«

12. Subito amici clamorem audiunt: »Necate Socratem!«

13. Aulus, dum dormit, clamat: »Servate (= rettet) Socratem! Vivat Socrates!«

(74 Wörter + 40 Wörter)

Wähle aus folgenden Übungen drei Aufgaben für den Ernstfall aus.
Bitte nutze die restlichen Fragen als zusätzliche Übung.

1. SPRACH- UND TEXTARBEIT

1.1 Bilde den Imperativ Sing. und Plur. zu folgenden Verben:
- a) accurrere
- b) salutare
- c) esse
- d) cogitare
- e) dare
- f) vocare
- g) audire

1.2 Schreibe für alle Deklinationsklassen die Signalteile des Dativ im Singular und Plural auf!

1.3 Schreibe dir aus der Prüfungsaufgabe II.1 (»De Socrate philosopho«) alle Präpositionen heraus und stelle fest, welchen Kasus sie regieren.

1.4 Übersetze!
- a) In der Schule diskutieren die Freunde über Sokrates.
- b) Ein griechischer Freund nimmt Aulus und führt ihn nach Athen.
- c) Der Philosoph muss bei Gericht (= bei den Richtern) erscheinen.
- d) Er denkt oft über das Schicksal der Menschen nach.
- e) Gib Beispiele, Freund!

2. KULTUR

a) Warum bedauern die Freunde das Schicksal des Sokrates?
b) Nenne ein Beispiel dafür, warum Sokrates bei vielen mächtigen Athenern für Aufregung sorgt.

Stoff: 1. Satzlehre: Dat. als Objekt; Dat. des Besitzes; Grundfunktionen des Ablativs; Fragesätze
2. Formenlehre: konsonantische Konjugation; Imperativ; Gesamte Dekl.: o-, konsonantische Deklination; Adjektive der a- und o-Dekl. (1. Teil)

DER PHILOSOPH SOKRATES

1. In der Schule diskutieren die Freunde über den Philosophen Sokrates.

2. Während es Nacht ist und Aulus schläft, erscheint plötzlich ein gewisser Grieche. Er nimmt Aulus und führt ihn nach Athen.

3. Sie laufen auf das Forum und gehen dort spazieren.

4. Der Grieche begrüßt viele Freunde: »Seid gegrüßt, Freunde!«

5. Er fragt: »Was ist los? Wir sehen keine Freuden (wörtlich: ... die Freuden nicht), wir hören nichts Neues.«

6. »Wir sind alle traurig, weil der Philosoph Sokrates, ein Freund der Menschen, vor Gericht (wörtlich: vor den Richtern) erscheinen muss.

7. Er ist ein großer Philosoph und frei von Fehlern.

8. Er denkt viel über das Schicksal der Menschen nach, aber die Beispiele der Weisheit des Sokrates gefallen nicht allen.«

9. »Gib ein Beispiel, Freund!«

10. »Sokrates sagt: Alle Menschen sind gleich geboren, nicht die einen als Herren, die anderen als Knechte.

11. Deshalb fürchten viele um das Wohl des Staates und zerren (wörtlich: rufen) den Philosophen vor Gericht.«

12. Plötzlich hören die Freunde ein Geschrei: »Tötet Sokrates!«

13. Aulus schreit, während er schläft: »Rettet Sokrates! Es lebe Sokrates!«

Lösung zu 1.1

a) Imperativ Singular: accurre — Imperativ Plural: accurrite
b) Imperativ Sing.: saluta — Imperativ Plur.: salutate
c) Imperativ Sing.: es — Imperativ Plur.: este
d) Imperativ Sing.: cogita — Imperativ Plur.: cogitate
e) Imperativ Sing.: da — Imperativ Plur.: date
f) Imperativ Sing.: voca — Imperativ Plur.: vocate
g) Imperativ Sing.: audi — Imperativ Plur.: audite

Lösung zu 1.2

a) 1. Deklination: -ae -is
b) 2. Deklination: -o -is
c) 3. Deklination: -i -ibus

Lösung zu 1.3

Satz 1: in mit Abl., de mit Abl.
Satz 3: in mit Akk.
Satz 6: apud mit Akk.
Satz 8: de mit Abl.
Satz 11: de mit Abl., ad mit Akk.

Lösung zu 1.4

a) In schola amici de Socrate disputant.
b) Amicus Graecus Aulum sumit et Athenas ducit.
c) Philosophus apud iudices apparere debet.
d) Saepe de fortuna hominum cogitat.
e) Da exempla, amice!

Lösung zu 2

a) Die Freunde bedauern Sokrates, weil er ein untadeliges Leben führt und über das Schicksal der Menschen nachdenkt und mit ihnen darüber redet.
b) Sokrates erregt bei den mächtigen Athenern Ärger, weil er z. B. für die Gleichheit aller Menschen eintritt.

Übersetzungsteil einer 2. Schulaufgabe / Klassenarbeit

Im normalen Prüfungsfall endet die Schulaufgabe / Klassenarbeit nach Satz 9.
Bitte nutze Satz 10 als zusätzliche Übung!

DE BELLO TROIANO

1. Amici patrem rogant: »Nonne de fabulis Homeri poetae narrare vis, pater?«
2. Pater consistit et respondet: »Venite subito et audite! Volo de Homero narrare.
3. Homerus de bello Troianorum et Graecorum narrat.
4. De Olympo dei in terram spectant et Graecos et Troianos pugnare vident.
5. Alii Graecis, alii Troianis adsunt.
6. Iuppiter Achillem Graecum, Troianum Hectorem Iuno amat.
7. Iuno lacrimat et clamat: ›Ecce, Achilles Hectorem necat.‹
8. Postea Graeci dolo equi lignei victores sunt et Troiam delent.
9. Incolas Troiae necant, aut servos sumunt et vendunt.
10. Sed etiam victoribus fortuna non ridet et pars Graecorum patriam non iam vidit.«

(79 Wörter + 13 Wörter)

Wähle aus folgenden Übungen drei Aufgaben für den Ernstfall aus.
Bitte nutze die restlichen Fragen als zusätzliche Übung.

1. SPRACH- UND TEXTARBEIT

1.1 Ergänze folgende Sätze mit der richtigen Verbform!
- a) Nonne de Homero narrare (velle), amice?
- b) Pater (consistere) et (respondere): »(Venire) et (audire), amici!«
- c) Deae Paridem arbitrum (petere).
- d) Dei et Graecis et Troianis (adesse).
- e) Postea Graeci victores (esse).

1.2 Nenne die drei Grundfunktionen des Ablativs mit je einem Beispiel (aus deinem Buch)!

1.3 Suche mit Ausnahme der Eigennamen in Prüfungsaufgabe II.2 (»De bello Troiano«) alle Nominative heraus und setze sie in den Genitiv und Akkusativ!

1.4 Übersetze!
- a) Kommt sofort und hört!
- b) Willst du etwa nicht vom Trojanischen Krieg hören?
- c) Die Göttinnen streiten um die Schönheit.
- d) Die Griechen sind durch die List mit dem (= des) hölzernen Pferd(es) Sieger.
- e) Aber auch den Siegern lacht das Glück nicht.

2. KULTUR

a) Erkläre den lateinischen Begriff »panem et circenses«!
b) Erkläre den lateinischen Satz »In dubio pro reo«!

Stoff: 1. Satzlehre: Dat. als Objekt; Dat. des Besitzes; Grundfunktionen des Ablativs; Fragesätze
2. Formenlehre: konsonantische Konjugation; Imperativ; Gesamte Dekl.: o-, konsonantische Deklination; Adjektive der a- und o-Dekl. (1. Teil)

DER TROJANISCHE KRIEG

1. Die Freunde bitten den Vater: »Willst du uns° nicht von den Sagen des Dichters Homer erzählen, Vater?«

2. Der Vater bleibt stehen und antwortet: »Kommt sofort und hört! Ich will euch von Homer erzählen.

3. Homer erzählt vom Krieg der Trojaner und Griechen.

4. Vom Olymp aus schauen die Götter auf die Erde und sehen die Griechen und Trojaner kämpfen.

5. Die einen stehen den Griechen bei (wörtlich: sind bei den Griechen), die anderen den Trojanern.

6. Jupiter liebt den Griechen Achilles, Juno den Trojaner Hektor.

7. Juno weint und schreit: ›Schau, Achilles tötet Hektor.‹

8. Später sind die Griechen durch die List mit dem hölzernen Pferd Sieger und zerstören Troja.

9. Sie töten die Einwohner Trojas oder nehmen sie als Sklaven und verkaufen sie.

10. Aber auch den Siegern lacht das Glück nicht und ein Teil der Griechen sieht die Heimat nicht wieder.«

Lösung zu 1.1

a) Nonne de Homero narrare vis, amice?
b) Pater consistit et respondet: »Venite et audite, amici!«
c) Deae Paridem arbitrum petunt.
d) Dei et Graecis et Troianis adsunt.
e) Postea Graeci victores sunt.

Lösung zu 1.2

a) Ort / Zeit (auf die Frage wo und wann?)
   Beispiel: prima luce
b) Mittel / Grund (auf die Frage womit / wodurch / wovon?)
   Beispiel: magna voce / silentio / spectaculo
c) Trennung (auf die Frage wovon?)
   Beispiel: lacrimis vacare / villa decedere

Lösung zu 1.3

Satz 1:	amicorum, amicos	Satz 2:	patris, patrem
Satz 4:	deorum, deos	Satz 5:	aliorum, alios
Satz 8:	victorum, victores	Satz 10:	fortunae, fortunam / partis, partem

Lösung zu 1.4

a) Venite subito et audite!
b) Nonne de bello Troiano audire vis?
c) Deae de pulchritudine certant.
d) Graeci dolo equi lignei victores sunt.
e) Sed etiam victoribus fortuna non ridet.

Lösung zu 2

a) »Panem et circenses« (»Brot und Spiele«) bedeutet: Um die Masse des Volkes von der Politik abzulenken, muss man ihr zu essen geben und sie unterhalten.
b) »In dubio pro reo« (»Im Zweifel für den Angeklagten«): Dieser Begriff kommt aus dem römischen Recht und besagt, dass im Zweifelsfall immer für und nie gegen den Angeklagten entschieden werden darf.

Übersetzungsteil einer 2. Schulaufgabe / Klassenarbeit

Bitte löse zunächst den ersten Übersetzungsteil und nutze den zweiten Teil als zusätzliche Prüfungsaufgabe.

DE MONASTERIO HEISTERBACH I

1. Mercator I: »Nunc per vias silvae *(silva, -ae (f)* der Wald) currere debemus, si (= wenn) ad montem monasterii venire volumus.«
2. Mercator II: »Cur non consistimus, sed ita (= so) properamus?«
3. Mercator I: »Pericula timeo et vitam sine armis defendere non possumus.«
4. Tandem ad portam monasterii accedunt et mercator I dicit: »Salve, frater custos *(custos, -odis (m)* Wächter, Pförtner). Deo gratias ago, quod hic sumus et sine periculo vivere possumus.«
5. Custos rogat: »Quid vultis, mercatores?
6. In monasterio nihil vendere potestis, quod cuncta ipsi facimus.«

DE MONASTERIO HEISTERBACH II

1. Mercator I: »Hospitium (= Herberge) petimus, frater custos, quod pericula noctis timemus.«
2. Custos: »Venite in nomine *(nomen, -inis (n)* Name) Domini! Hospites monasterii estis.«
3. Tum clamat: »Ubi es, coque? *(coquus, -i (m)* der Koch)« Coquus: »Adsum.« Custos: »Hospites adsunt, parate cenam, rogo!
4. Post cenam mitte servum ad fratrem Caesarem. Mercatoribus cubiculum *(cubiculum, -i (n)* Schlafzimmer) ostendere debet.«
5. Postea frater Caesar hospites in cubiculum ducit et ibi relinquit.
6. Subito mercatores voces fratrum audiunt.
7. Clamant: »Videtisne aut auditisne fratrem Caesarem? In ecclesia *(ecclesia, -ae (f)* Kirche) non apparet.«
8. Mercatores: »Accurrite et videte. Hic non adest.«

(69 Wörter + 66 Wörter)

Wähle aus folgenden Übungen drei Aufgaben für den Ernstfall aus.
Bitte nutze die restlichen Fragen als zusätzliche Übung.

1. SPRACH- UND TEXTARBEIT

1.1 Suche in Prüfungsaufgabe II.3 »De monasterio Heisterbach I und II« alle Sätze mit Wortfragen!

1.2 Formuliere folgende Sätze zu einer Satzfrage um:
- a) Nunc per vias silvae currere debemus. (Antwort: ja)
- b) Vitam sine armis defendere non possumus. (Antwort: nein)
- c) Hospites monasterii esse possumus (= können). (Antwort: ungewiss)
- d) Hic voces fratrum auditis, amici. (Antwort: ja)
- e) Frater Caesar in ecclesia non apparet. (Antwort: nein)

1.3 Untersuche die Verben »gaudere« und »petere«!
- a) Schreibe für den Indikativ Präsens die Signalteile mit Personzeichen auf und konjugiere anschließend »gaudere« und »petere«!
- b) Bei welchem von beiden Verben ist mit Ausnahme der 1. Person Präsens ein Sprechvokal statt eines Kennvokals eingeführt?

1.4 Übersetze!
- a) Kommt im Namen des Herrn!
- b) Warum bleiben wir nicht stehen?
- c) Wir erbitten Gastfreundschaft *(= hospitium)*, Bruder.
- d) Die Kaufleute hören die Stimmen der Brüder.
- e) Lauft herbei und seht!

2. KULTUR

a) Erkläre den Grundsatz »ora et labora«, nach dem die Benediktinermönche seit über 1.000 Jahren leben!
b) Was bedeuten die immer noch an den Hochschulen gebrauchten Begriffe s. t. (sine tempore) und c. t. (cum tempore)?

Stoff: 1. Satzlehre: Dat. als Objekt; Dat. des Besitzes; Grundfunktionen des Ablativs; Fragesätze
2. Formenlehre: konsonantische Konjugation; Imperativ; Gesamte Dekl.: o-, konsonantische Deklination; Adjektive der a- und o-Dekl. (1. Teil)

DAS KLOSTER HEISTERBACH I

1. Kaufmann I: »Jetzt müssen wir über Waldwege laufen, wenn wir zum Klosterberg kommen wollen.«
2. Kaufmann II: »Warum machen wir nicht Rast, sondern beeilen uns so?«
3. Kaufmann I: »Ich fürchte Gefahr(en) und wir können unser° Leben ohne Waffen nicht verteidigen.«
4. Endlich treten sie an die Pforte des Klosters und der Kaufmann I sagt: »Sei gegrüßt, Bruder Pförtner. Ich danke Gott, dass wir hier sind und ohne Gefahr leben können.«
5. Der Pförtner fragt: »Was wollt ihr, Kaufleute?
6. Im Kloster könnt ihr nichts verkaufen, weil wir alles selber machen.«

DAS KLOSTER HEISTERBACH II

1. Kaufmann I: »Wir suchen eine Herberge, Bruder Pförtner, weil wir die Gefahren der Nacht fürchten.«
2. Der Pförtner: »Kommt im Namen des Herrn! Ihr seid Gäste des Klosters.«
3. Dann ruft er: »Wo bist du, Koch?« Koch: »Ich bin da.« Pförtner: »Gäste sind da, bereitet ihnen° ein Essen, bitte!
4. Nach dem Essen schicke einen Knecht zum Bruder Cäsar. Er muss den Kaufleuten ihr Schlafzimmer zeigen.«
5. Anschließend führt Bruder Cäsar die Gäste in ihr° Schlafzimmer und lässt sie dort zurück.
6. Plötzlich hören die Kaufleute die Stimmen der Brüder.
7. Sie rufen: »Seht oder hört ihr Bruder Cäsar? Er erscheint nicht in der Kirche.«
8. Die Kaufleute: »Kommt und seht! Hier ist er nicht.«

Lösung zu 1.1

In den Sätzen 2 und 5 von »De monasterio Heisterbach I« und in Satz 3 von »De monasterio Heisterbach II« gibt es Wortfragen.

Lösung zu 1.2

a) Nonne nunc per vias silvae currere debemus?
b) Num vitam sine armis defendere possumus?
c) Hospitesne monasterii esse possumus?
d) Nonne hic voces fratrum auditis, amici?
e) Num frater Caesar in ecclesia apparet?

Lösung zu 1.3

a) Signalteile mit Personzeichen: -o, -s, -t, -mus, -tis, -nt
   gaudeo, gaudes, gaudet, gaudemus, gaudetis, gaudent
   peto, petis, petit, petimus, petitis, petunt
b) Die 3. Konjugationsklasse (z. B. petere) endet auf einen Konsonanten und braucht deshalb zur besseren Aussprache einen so genannten Sprechvokal (-i in der zweiten und dritten Person Singular und in der ersten und zweiten Person Plural; -u in der dritten Person Plural).

Lösung zu 1.4

a) Venite in nomine domini!
b) Cur non consistimus?
c) Hospitium petimus, frater.
d) Mercatores voces fratrum audiunt.
e) (Ac)currite et videte!

Lösung zu 2

a) Der hl. Benedikt schreibt in seiner Regel vor, dass die Mönche nicht nur beten dürfen, sondern auch einer Arbeit nachgehen müssen.
b) »s. t.« bedeutet ohne Zeitpuffer, also pünktlich, »c. t.« bedeutet mit einem Zeitpuffer von 15 Minuten.

II.4 PRÜFUNG

Übersetzungsteil einer 2. Schulaufgabe / Klassenarbeit

Bitte löse zunächst den ersten Übersetzungsteil und nutze den zweiten Teil als zusätzliche Prüfungsaufgabe.

DE UXORE SENATORIS I

1. Flavius cum Claudia uxore forum intrat, senator curiam, mercatores matrona petit.
2. Mater filiis vestes emere vult.
3. Itaque cum serva consistit, ubi mercatores negotia agunt.
4. Tum subito populus gaudet et clamat, quod consul victoriam Romanorum nuntiat.
5. Claudia dicit: »Deis gratias ago, quod iniurias barbarorum non iam dolere debemus. Sine periculo vivimus.«
6. Statim iubet servam: »Propera domum et parate cenam quod hodie cum amicis cenam habere et victoria gaudere volumus.«

DE UXORE SENATORIS II

1. »Mitte servas in forum! Ibi emite cibos, veluti (= wie zum Beispiel) panem et pisces, ova *(ovum, -i (n)* das Ei) et olivas!«
2. Claudia cito domum intrat et clamat: »Ades, coque!« »Iam adsum, domina. Paro cibos.« In culina *(culina, -ae (f)* die Küche) domina coquum *(coquus, -i (m)* der Koch) laudat: »Bene, amice!«
3. Liberi matrem audiunt et rogant: »Ostende nobis vestes!«
4. Iam mercator adest et vestes ostendit.
5. Mater clamat: »Properate et operam date! Iam hospites adsunt. Relinquite triclinium (= Speisesaal), liberi!«

(71 Wörter + 62 Wörter)

Wähle aus folgenden Übungen drei Aufgaben für den Ernstfall aus.
Bitte nutze die restlichen Fragen als zusätzliche Übung.

1. SPRACH- UND TEXTARBEIT

1.1 Stelle in Prüfungsaufgabe II.4 (»De uxore senatoris I«) von Satz 2 und dem zweiten Teil von Satz 5 die Bausteine fest und zeige in einer Skizze das Bauwerk des jeweiligen Satzes.

1.2 Suche in Satz 6 von »De uxore senatoris I« sowie in Satz 1 und 2 von »De uxore senatoris II« alle Imperative heraus.

1.3 Bestimme in »De uxore senatoris I« in Satz 1-5 alle Verbformen.

1.4 Übersetze!
a) Die Mutter will den Kindern Kleider kaufen.
b) Wir leben ohne Gefahr.
c) Eile nach Hause und bereite das Essen!
d) Schickt die Sklavinnen auf den Marktplatz!
e) Zeige uns die Kleider, Mutter!

2. KULTUR

Wie läuft ein Badegang in den römischen Thermen ab?

Stoff: 1. Satzlehre: Dat. als Objekt; Dat. des Besitzes; Grundfunktionen des Ablativs; Fragesätze
2. Formenlehre: konsonantische Konjugation; Imperativ; Gesamte Dekl.: o-, konsonantische Deklination; Adjektive der a- und o-Dekl. (1. Teil)

DIE FRAU DES SENATORS I

1. Flavius betritt mit seiner Frau Claudia das Forum, der Senator strebt zur Kurie, seine° Frau zu den Kaufleuten.

2. Die Mutter will den Kindern Kleidung kaufen.

3. Deshalb bleibt sie mit einer Sklavin da stehen, wo die Kaufleute ihre° Geschäfte tätigen.

4. Da freut sich das Volk plötzlich und schreit, weil der Konsul einen Sieg der Römer verkündet.

5. Claudia sagt: »Ich danke den Göttern, weil wir uns nicht mehr über die Ungerechtigkeiten der Barbaren ärgern (wörtlich: Schmerz empfinden) müssen. Wir leben ohne Gefahr.«

6. Sofort befiehlt sie der Sklavin: »Eile nach Hause und bereitet ein Mahl vor, weil wir heute mit Freunden zu° Abend° essen und uns über den Sieg freuen wollen.«

DIE FRAU DES SENATORS II

1. »Schicke Sklavinnen zum Markt! Kauft dort Lebensmittel, zum Beispiel Brot und Fische, Eier und Oliven!«

2. Claudia betritt schnell das Haus und ruft: »Hierher, Koch!« »Ich bin schon da, Herrin. Ich richte die Speisen her.« In der Küche lobt die Herrin den Koch: »Gut, Freund!«

3. Die Kinder hören die Mutter und bitten: »Zeig uns die Kleider!«

4. Schon ist der Kaufmann da und zeigt die Kleider.

5. Die Mutter ruft: »Beeilt euch und gebt euch Mühe! Schon sind die Gäste da. Verlasst den Speisesaal, Kinder!«

Lösung zu 1.1

Satz 2: Subjekt (Mater) ← Prädikat (emere vult)
Dativobjekt (filiis) ← Akkusativobjekt (vestes)

Satz 5: Subjekt (= Signalteil -o des Verbums!) Prädikat (ago)
Dativobjekt (deis) ← Akkusativobjekt (gratias)
(Subjunktion) quod
Subjekt (Verb!) ← Prädikat (dolere debemus)
Akkusativobjekt (iniurias)
Genitiv-Attribut (barbarorum)

Lösung zu 1.2

I. Satz 6: propera, parate II. Satz 1: mitte, emite II. Satz 2: ades

Lösung zu 1.3

Satz 1: beide Verbformen: 3. Person Singular Indikativ Präsens Aktiv
Satz 2: emere: Infintiv Präs. Aktiv; vult: 3. Pers. Singular Präs. Ind. Aktiv
Satz 3: consistit: 3. Pers. Singular Indikativ Präs. Aktiv; agunt: 3. Pers. Plur. Ind. Präs. Aktiv
Satz 4: alle Verbformen: 3. Pers. Sing. Präs. Ind. Aktiv
Satz 5: dicit: 3. Pers. Präs. Sing. Ind. Aktiv; ago: 1. Pers. Präs. Sing. Ind. Aktiv; dolere: Inf. Präs. Aktiv; debemus, vivimus: 1. Pers. Plur. Präs. Ind. Aktiv

Lösung zu 1.4

a) Mater filiis vestes emere vult.
b) Sine periculo vivimus.
c) Contende domum et para cenam!
d) Mittite servas in forum!
e) Ostende nobis vestes, mater!

Lösung zu 2

Zumeist am späten Vormittag begibt man sich ins Bad. Im Umkleideraum entledigt man sich der Kleider, die meist ein Sklave bewacht, nimmt Holzpantoffeln, geht zur Reinigung ins *frigidarium* (Kaltbad), von dort zur Entspannung ins *tepidarium* (Bad mit lauwarmem Wasser) und schließlich ins *caldarium,* wo man sich in riesigen Wannen bei hohen Temperaturen entspannt. Wer will, besucht noch das Schwitzbad *(laconicum)* und erfrischt sich zuletzt im eiskalten fließenden Wasser.

II.5 PRÜFUNG

Übersetzungsteil einer 2. Schulaufgabe / Klassenarbeit

Im normalen Prüfungsfall endet die Schulaufgabe / Klassenarbeit nach Satz 6.
Bitte nutze die Sätze 7 und 8 als zusätzliche Übung.

DE VULPE ET CORVO

1. Fames vulpem vexat, itaque cibum quaerere parat.

2. Procul uvas ex muro pendentes vidit et accurrit.

3. Ibi subito corvus apparet et rogat: »Unde venis? Quid hic agis?«

4. Tum vulpes respondet: »Desine quaerere! Sortem meam ignoras.

5. Fames me diu vexabat. Sed dei auxilium non negaverunt, quod semper numen colui et pia in deos deasque semper fui. Sors secunda fuit et uvas hic vidi.«

6. Sed vulpes uvas capere non potuit, quod murus altior erat.

7. Corvus ridet et per iocum *(iocus, -i (m)* = Scherz) dicit: »Desine desperare, amica, et auxilium a deis iterum pete!«

8. Vulpes ridens respondet: »Gratias ago, amica, sed uvas non iam desidero, quod bonae non sunt.«

(75 Wörter + 30 Wörter)

Wähle aus folgenden Übungen drei Aufgaben für den Ernstfall aus.
Bitte nutze die restlichen Fragen als zusätzliche Übung.

1. SPRACH- UND TEXTARBEIT

1.1 Benenne zu folgenden Verbformen den Inf. Präs. Aktiv:

a) vexat b) vidit c) accurrit d) apparet
e) desine f) fui g) pete h) gratias ago

1.2 Bestimme von folgenden Substantiven und Verben mit der Endung -is die Wortart und die exakte Form:

a) dormis b) donis c) uxoris d) audis e) venis
f) filiis g) emitis h) equis i) viris

1.3 Entscheide in den vier vorliegenden Sätzen, ob die Präposition »in« mit Abl. oder mit Akk. einzusetzen ist.

a) Properabamus (thermae, arum).
b) Vidi (forum) amicos.
c) Familia senatoris (Creta) navigat.
d) (Villa) servus dominum exspectat.

1.4 Übersetze!

a) Der Fuchs sucht Essen, weil ihn° Hunger quält.
b) Was tust du hier?
c) Du kennst mein Schicksal nicht, Freund.
d) Erbitte Hilfe von den Göttern!
e) Der Fuchs konnte die Trauben nicht ergreifen.

2. KULTUR

2.1 Nenne zu folgenden spanischen Wörtern das entsprechende lateinische Wort:

a) amigo b) tierra c) región d) cuerpo e) caro
f) narrar g) monumento h) cantar i) negociante j) deliberar

2.2 Beschreibe den schulischen Werdegang eines jungen Römers aus gutem Hause.

Stoff: 1. Satzlehre: Satzreihe – Satzgefüge; Ortsangaben; Verwendung von Imperfekt und Perfekt; Subjekts- und Objekts-Infinitiv; Verwendung der Adjektive im Satz
2. Formenlehre: Imperfekt der a-, e-, i- und der konsonantischen Konjugation sowie esse; Perfekt (-v-, -u-, -s-) der a-, e-, i-, konsonantischen Konjugation und esse; Perfekt der Dehnung, Reduplikation und Perfekt ohne Änderung

FUCHS UND RABE

1. Hunger quält die Füchsin (zum Geschlecht vergleiche auch Satz 7: »amica«), deshalb schickt sie sich an, etwas Essbares zu suchen.

2. Aus der Ferne sieht sie Trauben an einer Mauer hängen und eilt herbei.

3. Dort erscheint plötzlich ein Rabe und fragt: »Woher kommst du? Was machst du hier?«

4. Da antwortet die Füchsin: »Hör auf zu fragen! Du kennst mein Schicksal nicht.

5. Lange quälte mich der Hunger. Aber die Götter haben die Hilfe nicht verweigert, weil ich immer den Willen (wörtlich: die Macht) der Götter verehrt habe und weil° ich immer voll Ehrfurcht (wörtlich: ehrfürchtig) gegenüber den Göttinnen und Göttern war. Deshalb° war das Schicksal günstig und ich sah die Trauben hier.«

6. Aber die Füchsin konnte die Trauben nicht erreichen, weil die Mauer zu hoch war.

7. Der Rabe lacht und sagt im Scherz: »Hör auf zu verzweifeln, Freundin, und erbitte wiederum Hilfe von den Göttern!«

8. Die Füchsin erwidert lachend: »Danke, Freundin, aber ich mag die Trauben nicht mehr, weil sie nicht gut sind.«

Lösung zu 1.1

a) vexare b) videre c) accurrere d) apparere
e) desinere f) esse g) petere h) gratias agere

Lösung zu 1.2

a) Verbum, dormire, 2. Pers. Sing. Ind. Präs. Aktiv
b) Substantiv, donum, Abl. und Dat. Plur.
c) Substantiv, uxor, Gen. Sing.
d) Verbum, audire, 2. Pers. Sing. Ind. Präs. Akt.
e) Verbum, venire, 2. Pers. Sing. Ind. Präs. Akt.,
ebenso: Substantiv, vena, -ae (f) die Ader, Abl. und Dat. Plur.
f) Substantiv, filius / filia, Abl. und Dat. Plur.
g) Verbum, emere, 2. Pers. Plur. Präs. Ind. Aktiv
h) Substantiv, equus, Abl. und Dat. Plur.
i) Substantiv, vir, Abl. und Dativ Plur.

Lösung zu 1.3

a) Properabamus in thermas. (wohin? Ziel, Richtung)
b) Vidi amicos in foro. (wo? Ort)
c) Familia senatoris in Cretam navigat.
d) In villa servus dominum exspectat.

Lösung zu 1.4

a) Vulpes cibum quaerit, quod fames vexat. b) Quid hic agis?
c) Fortunam meam ignoras, amice. d) Pete auxilium a deis!
e) Vulpes uvas capere non potuit.

Lösung zu 2.1

a) amicus b) terra c) regio d) corpus e) carus, -a, -um
f) narrare g) monumentum h) cantare i) negotium j) deliberare

Lösung zu 2.2

- Bis zum 5. Lebensjahr wird ein vornehmer junger Römer zu Hause erzogen.
- Vom 7. bis zum 12. Lebensjahr besucht er zusammen mit einem *paedagogus* genannten Sklaven das *ludus* auf dem Forum, wo ihm ein *ludi magister* Lesen, Schreiben und Rechnen beibringt.
- Vom 12. bis zum 17. Lebensjahr besucht er einen *grammaticus,* der ihn lateinische und griechische Grammatik lehrt und mit ihm die Klassiker liest.
- Anschließend besucht er den *rhetor,* der ihn in alle Formen der öffentlichen Rede einführt.

II.6 PRÜFUNG

Übersetzungsteil einer 2. Schulaufgabe / Klassenarbeit

Bitte löse zunächst den ersten Übersetzungsteil und nutze den zweiten Teil als zusätzliche Prüfungsaufgabe.

DE MURE URBANA ET DE MURE RUSTICA I

1. Aliquando mus urbana urbem relinquere et sororem rusticam petere voluit.
2. Itaque dona veluti (= wie, wie zum Beispiel) caseum, pisces, panem in foro emit.
3. Quamquam viam ignoravit, de salute non desperavit, sed deis caseum sacrificavit et iter incepit.
4. Ac profecto dei preces audiverunt.
5. Diu mus urbana per campos, ubi magnum silentium erat, erravit, sed tandem de monte iter vidit.
6. Cito de monte descendit et tandem ad casam (*casa, -ae (f)* das Haus) sororis venit.

DE MURE URBANA ET DE MURE RUSTICA II

1. Saxum parvum (= klein) in portam mittit et subito caput muris rusticae in fenestra apparet.
2. Mures statim se cognoscunt et gaudent.
3. Mus urbana multa dona dat et de vita beata (= glücklich) muris urbanae narrat.
4. Cuncta sorori miserae placent et profecto murem urbanam petere statuit.
5. Ibi non diu vitam bonam agit.
6. Quod enim pericula vitae urbanae ignorat, paulo post felis miseram sororem devorat (*devorare* verschlingen).

(71 Wörter + 66 Wörter)

Wähle aus folgenden Übungen drei Aufgaben für den Ernstfall aus.
Bitte nutze die restlichen Fragen als zusätzliche Übung.

1. SPRACH- UND TEXTARBEIT

1.1 Schreibe aus Prüfungsaufgabe II.6 (»De mure urbana et de mure rustica I«) alle Verbformen im Perfekt heraus und verwandle sie ins Präsens.

1.2 Schreibe aus »De mure urbana et de mure rustica I und II« alle Verbformen im Präsens heraus und verwandle sie ins Perfekt.

1.3 Verwandle in den Sätzen 1-3 von »De mure urbana et de mure rustica I« alle Akkusative in Nominative.

1.4 Übersetze!
a) Die Stadtmaus wollte (ihre) ländliche Schwester aufsuchen.
b) Obwohl sie den Weg nicht wusste, begann sie die Reise.
c) Endlich kommt sie zum Haus der Schwester.
d) Sie erzählt vom glücklichen Leben einer Stadtmaus.
e) Die Landmaus erkennt die Gefahren des städtischen Lebens nicht.

2. KULTUR

2.1 a) Woher kommt der Name Alphabet?
b) In welchem Fach begegnen dir oft die ersten vier Buchstaben des griechischen Alphabetes?

2.2 Nenne fünf Schulfächer, deren Namen direkt aus dem Griechischen kommen.

Stoff: 1. Satzlehre: Satzreihe – Satzgefüge; Ortsangaben; Verwendung von Imperfekt und Perfekt; Subjekts- und Objekts-Infinitiv; Verwendung der Adjektive im Satz
2. Formenlehre: Imperfekt der a-, e-, i- und der konsonantischen Konjugation sowie esse; Perfekt (-v-, -u-, -s-) der a-, e-, i-, konsonantischen Konjugation und esse; Perfekt der Dehnung, Reduplikation und Perfekt ohne Änderung

STADT- UND LANDMAUS I

1. Einmal wollte die Stadtmaus die Stadt verlassen und ihre° Schwester auf dem Land (wörtlich: ländliche Schwester) besuchen.
2. Deshalb kaufte sie Geschenke wie Käse, Fische und Brot auf dem Markt.
3. Obwohl sie den Weg nicht kannte, gab sie die Hoffnung auf Rettung nicht auf, sondern opferte den Göttern ein Stück° Käse und begann ihre° Reise.
4. Und in der Tat haben die Götter ihre° Bitten erhört.
5. Lange irrte die Stadtmaus über die Felder, wo tiefes (wörtlich: großes) Schweigen herrschte, aber endlich sah sie von einem Berg aus° den Weg.
6. Schnell stieg sie vom Berg herab und kam endlich zum Haus der Schwester.

STADT- UND LANDMAUS II

1. Dort° wirft sie einen kleinen Stein an die Türe und plötzlich erscheint der Kopf der Landmaus im Fenster.
2. Die Mäuse erkennen sich sofort und freuen sich.
3. Die Stadtmaus übergibt viele Geschenke und erzählt vom glücklichen Leben einer Stadtmaus.
4. Alles gefällt der armen Schwester und sie beschließt tatsächlich die Stadtmaus zu besuchen.
5. Dort führt sie nicht lange ein gutes Leben.
6. Da sie nämlich die Gefahren des Stadtlebens nicht kennt, frisst kurze Zeit später eine Katze die unglückliche Schwester.

Lösung zu 1.1
Satz 1: voluit – vult, **Satz 2:** emit – emit, **Satz 3:** ignoravit – ignorat, desperavit – desperat, sacrificavit – sacrificat, incepit – incipit,
Satz 4: audiverunt – audiunt, **Satz 5:** erravit – errat, vidit – videt,
Satz 6: descendit – descendit, venit – venit

Lösung zu 1.2
I. Satz 1: relinquere – reliquisse, petere – petivisse
I. Satz 6: descendit – descendit, venit – venit
II. Satz 1: mittit – misit, apparet – apparuit
II. Satz 2: cognoscunt – cognoverunt, gaudent – *(gavisi sunt* Deponens)
II. Satz 3: dat – dedit, narrat – narravit
II. Satz 4: placent – placuerunt, visitare – visitavisse, statuit – statuit
II. Satz 5: agit – egit
II. Satz 6: ignorat – ignoravit, devorat – devoravit

Lösung zu 1.3
Satz 1: urbem – urbs, sororem rusticam – soror rustica
Satz 2: dona – dona, caseum – caseus, pisces – pisces, panem – panis
Satz 3: viam – via, caseum – caseus, iter - iter

Lösung zu 1.4
a) Mus urbana sororem rusticam petere voluit.
b) Quamquam viam ignoravit, iter incepit.
c) Tandem ad casam sororis venit.
d) De vita beata muris urbanae narrat.
e) Mus rustica pericula vitae urbanae ignorat.

Lösung zu 2.1
a) Der Name kommt von den ersten beiden Buchstaben des griechischen Alphabetes.
b) In der Geometrie, wo sie zur Bezeichnung der Winkel dienen.

Lösung zu 2.2
Mathematik, Geometrie, Physik, Geographie, Biologie

DE PHILOSOPHO CLARO

1. Cui magistri non de Diogene philosopho narraverunt, qui temporibus antiquis cunctis notus erat?

2. Etiam Alexander Magnus, cuius copiae multa et magna imperia expugnaverunt, philosophum visitavit.

3. Diogenes, cui pro villa dolium (= Fass) fuit, divitiis carebat, sed vita contentus fuit.

4. Vesperi amici, quibus non semper otium fuit, apud philosophum erant.

5. Saepe amicos monuit: »Abstinete divitiis, nam impedimenta vitae beatae sunt.

6. Moribus, non divitiis imperia magna sunt.«

(66 Wörter)

Fragenteil einer 2. Schulaufgabe / Klassenarbeit

Wähle aus folgenden Übungen drei Aufgaben für den Ernstfall aus.
Bitte nutze die restlichen Fragen als zusätzliche Übung.

1. SPRACH- UND TEXTARBEIT

1.1 Setze alle Verbformen in die 1. Person Singular Indikativ Präsens Aktiv:

a) narraverunt b) visitavit c) abstinete d) fuit e) implemus

1.2 Setze in den folgenden Sätzen das passende Relativpronomen ein:

a) Diogenes, gloria magna est, omnibus notus erat.
b) Etiam Alexander, omnes laudant, philosophum visitavit.
c) Divitiae, saepe impedimenta vitae beatae sunt, multi petunt.
d) Alexander, magnae copiae erant, Persas superavit.
e) Cui Homerus, fabulas homines semper amabant, notus non est?

1.3 Dekliniere »magister bonus«!

1.4. Übersetze!

a) Welchen Freund des Diogenes habt ihr gesehen?
b) Wem ist Diogenes nicht bekannt?
c) Viele loben den Diogenes, dessen Freund Alexander war.
d) Diogenes, den die Freunde liebten, hatte keine (= entbehrte) Reichtümer.
e) Der Philosoph war mit dem Leben zufrieden.

2. KULTUR

Nenne drei Weltwunder der Antike!

Stoff: 1. Satzlehre: Ablativ der Trennung, des Mittels, des Orts, der Zeit; Präpositionen mit Ablativ und Akkusativ
2. Formenlehre: Imperfekt der a-, e-Konjugation + esse; v-Perfekt, u-Perfekt, Perfekt von esse; Plusquamperfekt; Pronomina: Personal-, Relativ-, Interrogativpronomina;
3. Deklination: r-Stämme

EIN BERÜHMTER PHILOSOPH

1. Wem haben die Lehrer nicht vom Philosophen Diogenes erzählt, der im Altertum (in alten Zeiten) allen bekannt war?

2. Sogar Alexander der Große, dessen Truppen viele und große Reiche eroberten, besuchte den Philosophen.

3. Diogenes, der an Stelle eines Landgutes ein Fass (zum Wohnen) besaß, hatte keine Reichtümer, aber er war mit dem Leben zufrieden.

4. Abends waren die Freunde, die nicht immer Zeit hatten, bei dem Philosophen.

5. Oft ermahnte er die Freunde: »Verzichtet auf Reichtümer, denn sie sind Hindernisse für ein glückliches Leben.

6. Durch Sitten und nicht durch Reichtum sind Reiche groß (geworden).«

Lösung zu 1.1

a) narro b) visito c) abstineo d) sum e) impleo

Lösung zu 1.2

a) cuius b) quem c) quae d) cui e) cuius

Lösung zu 1.3

Singular:

magister bonus,	magistri boni,	magistro bono,
magistrum bonum,	magister bone,	magistro bono

Plural:

magistri boni,	magistrorum bonorum,	magistris bonis,
magistros bonos,	magistri boni,	magistris bonis

Lösung zu 1.4

a) Quem amicum Diogenis vidistis?
b) Cui Diogenes notus non est?
c) Multi Diogenem, cuius amicus Alexander erat, laudant.
d) Diogenes, quem amici amabant, divitiis carebat.
e) Philosophus vita contentus erat.

Lösung zu 2

a) Die Pyramiden
b) Der Leuchtturm von Alexandria
c) Das Mausoleum (= das Grabmal des Königs Mausolos von Halikarnaß)

II.8 PRÜFUNG

Schwerpunkt Felix B I **Übersetzungsteil** einer 2. Schulaufgabe / Klassenarbeit

Bitte löse zunächst den ersten Übersetzungsteil und nutze den zweiten Teil als zusätzliche Prüfungsaufgabe.

AULUS ET THEODORUS VILLAM AVI VISITAVERUNT I

1. Theodorus Aulum quaesivit: »Ubi fuisti, Aule?
2. Clamorem audivi et servum mulos (= *mulinus* das Maultier) ducere et cibos apportare vidi.«
3. Aulus dixit: »Hodie (= Heute) Romam relinquimus, nam tibi fundum pulchrum avi ostendere cupimus.
4. Descende mecum (= mit mir) et vehiculum ascende!«
5. Via Appia, ubi multa clara *(clarus, -a, -um* berühmt) monumenta viderunt, in villam avi, quae in montibus Albanis sita erat, venerunt.
6. Ibi avi liberos laeti salutaverunt et vilicus severus, qui servos saepe reprehendebat, eis aedificia varia villae ostendit.

AULUS ET THEODORUS VILLAM AVI VISITAVERUNT II

1. Dum extra villam ludimus, subito puerum, qui capras custodiebat, vidimus et accessimus.
2. Quaesivimus: »Nonne nobiscum ludere cupis?«
3. Puer dixit: »Non ludere cupio, quia patrem adiuvare et capras, quas hic videtis, custodire debeo.
4. In miseria sumus, quia solum (= nur) unum agrum possidemus, qui nos vix nutrit *(nutrire* ernähren).«
5. Postea de monte prope villam sito in regione Vesuvii magnam nubem vidimus.
6. Vespere Antonius mercator valde lacrimavit *(lacrimare* weinen) et narravit:
7. »Nonne scitis Vesuvium flammis, cinere, lapidibus Pompeios delevisse et multos homines exstinxisse?«
8. Tum omnes tristes tacuimus.

(73 Wörter + 85 Wörter)

Wähle aus folgenden Übungen drei Aufgaben für den Ernstfall aus.
Bitte nutze die restlichen Fragen als zusätzliche Übung.

1. SPRACH- UND TEXTARBEIT

1.1 Setze alle Verben im Perfekt aus Satz 1-6 (»Aulus et Theodorus villam avi visitaverunt I«) in die entsprechende Form des Präsens!

1.2 Setze alle Verben aus Satz 1-3 (»Aulus et Theodorus villam avi visitaverunt I«) in den Imperativ Präsens Singular und Plural!

1.3 Setze folgende Verbformen in die entsprechende Person des Imperfekt Aktiv:
a) ludimus b) fuisti c) venerunt d) reprehendit
e) accessimus f) cupio

1.4 Bestimme die Form(en) der folgenden Wörter:
Beispiel: patrem Akk. Sing. von pater, patris
a) quas b) Vesuvius c) quae d) montibus e) avi

1.5 Bestimme die Formen folgender Verben:
a) audivi b) sumus c) descende d) fuisti e) scitis

2. KULTUR

2.1 Nenne fünf Tochtersprachen des Lateinischen!

2.2 Der Meister machte den Klienten eine exzellente Offerte.
Welche Wörter sind lateinischen Ursprungs?

Stoff: 1. Satzlehre: Adjektiv als Attribut, KNG-Kongruenz (Kasus, Numerus, Genus), Adjektiv als Prädikatsnomen, Genitiv als Attribut; Akkusativ mit Infinitiv (A.c.I.), Pronomina im A.c.I.
2. Formenlehre: Substantive der o-Dekl. auf -(e)r und der 3. Dekl. (Genera, Neutra); Genitiv; Adjektive der a-, o- und 3. Dekl.; Pronomen *is*; Relativpronomen; Reflexivpronomen; Konsonantische Konjugation (i-Erweiterung); Imperfekt; Perfekt (-v-, -u-, -s-), ohne Stammveränderung sowie Reduplikations- und Dehnungsperfekt

AULUS UND THEODOR BESUCHTEN DIE VILLA DES GROSSVATERS I

1. Theodor fragte Aulus: »Wo warst du, Aulus?
2. Ich hörte Geschrei und sah einen Sklaven die Maultiere herbeiführen und Speisen bringen.«
3. Aulus sagte: »Heute verlassen wir Rom, denn wir wollen dir das schöne Landgut des Großvaters zeigen.
4. Steige mit mir hinunter und besteige das Fahrzeug!«
5. Auf der Appischen Straße, wo sie viele berühmte Denkmäler sahen, kamen sie zur Villa des Großvaters, die in den Albaner Bergen lag.
6. Dort begrüßten die Großeltern erfreut die Kinder, und der strenge Verwalter, der die Sklaven oft tadelte, zeigte ihnen die verschiedenen Gebäude des Landgutes.

AULUS UND THEODOR BESUCHTEN DIE VILLA DES GROSSVATERS II

1. Während wir außerhalb des Landgutes spielten, sahen wir plötzlich einen Buben, der Ziegen hütete, und gingen zu° ihm° hin.
2. Wir fragten: »Willst du nicht mit uns spielen?«
3. Der Bub sagte: »Ich will nicht spielen, weil ich dem Vater helfen und die Ziegen, die ihr hier seht, hüten muss.
4. Wir sind in einer schlimmen Lage, weil wir nur einen Acker besitzen, der uns mit Mühe ernährt.«
5. Später sahen wir von einem Berg aus, der in der Nähe des Landgutes lag, eine große Wolke in der Gegend des Vesuvs.
6. Am Abend weinte der Kaufmann Antonius sehr und erzählte:
7. »Wisst ihr nicht, dass der Vesuv mit Flammen, Asche und° Steinen Pompei zerstört und viele Menschen ausgelöscht hat?«
8. Da schwiegen wir alle traurig.

Lösung zu 1.1

Satz 1: quaerit, es Satz 2: audio, video Satz 3: dicit
Satz 5: vident, veniunt Satz 6: saltutant, ostendit

Lösung zu 1.2

Satz 1: quaere, quaerite; es, este
Satz 2: audi, audite; duc, ducite; apporta, apportate; vide, videte
Satz 3: dic, dicite; relinque, relinquite; ostende, ostendite; cupe, cupite

Lösung zu 1.3

a) ludebamus b) eras c) veniebant d) reprehendebat
e) accedebamus f) cupiebam

Lösung zu 1.4

a) Akk. Plural von qui, quae, quod
b) Nom. Sing. von Vesuvius, -i
c) Nom. Sing. + Plural Femininum und Akk. + Nom. Neutrum Plural von qui, quae, quod
d) Dat. + Abl. Plural von mons, montis
e) Gen. Sing. + Nom. Plural von avus, -i

Lösung zu 1.5

a) 1. Pers. Sing. Aktiv Perfekt von audire
b) 1. Pers. Plural Aktiv Präsens von esse
c) Imperativ Sing. Aktiv von descendere
d) 2. Pers. Sing. Aktiv Perfekt von esse
e) 2. Pers. Plural Aktiv Präsens von scire

Lösung zu 2.1

Italienisch, Spanisch, Portugiesisch, Französisch und Rumänisch

Lösung zu 2.2

Meister – magister; Kunde – cliens, clientis;
exzellent, hervorragend – excellere; Offerte, Angebot – offere

DE DRACONE

1. Audite exemplum magnae benignitatis (= gratiae) Dei.
2. Aliquando (= einmal) draco in Silenam, urbem Libyae, invadere et cuncta delere paravit.
3. Primo senatores monstro bestias, veluti oves et vaccas, sacrificaverunt, quod urbem servare voluerunt.
4. Postea – bestiae cunctae iam mortuae erant – restabant soli homines.
5. Itaque senatores cum populo egerunt et draconi homines sacrificare statuerunt.
6. Sorte primum hominem quaesiverunt et filiam regis invenerunt (*invenire* finden).
7. Ea (= diese) ad montem contendit, ubi sedit et flevit, quod ubique magnum silentium fuit et terra ipsa (= selbst) mentem terruit.

(76 Wörter)

Wähle aus folgenden Übungen drei Aufgaben für den Ernstfall aus.
Bitte nutze die restlichen Fragen als zusätzliche Übung.

1. SPRACH- UND TEXTARBEIT

1.1 Suche in Satz 5-7 der Prüfungsaufgabe III.1 (»De dracone«) alle Verben, schreibe sie auf und bestimme, zu welcher Konjugationsklasse sie gehören.

1.2 Wie du bereits weißt, findet man im Normalfall ein lateinisches Verb in einem Wörterbuch unter der 1. Pers. Sing. Präs. Aktiv.
Suche folgende Verben im Lexikon, schreibe sie in der Form auf, in der du sie im Wörterbuch suchst.

a) audite	b) paravit	c) invadere	d) sacrificaverunt
e) voluerunt	f) egerunt	g) invenerunt	

1.3.1 Wie lauten die Signalteile des Perfekts? (Konjugiere)

1.3.2 Nenne von folgenden Verben das Perfektkennzeichen:

a) paravit	b) voluerunt	c) terruit	d) sacrificaverunt
e) dixerunt	f) manserunt	g) traxerunt	

1.4 Übersetze!

a) Der Drache schickte sich an, die Stadt zu überfallen.
b) Die Senatoren opferten dem Drachen Tiere.
c) Alle Tiere waren tot.
d) Durch das Los suchten sie einen Menschen.
e) Überall herrschte (= war) tiefes (= großes) Schweigen.

2. KULTUR

Nenne die Kennzeichen (Attribute) einiger antiker Götter:
Jupiter, Apollon, Mars, Juno, Venus, Merkur

Stoff: 1. Satzlehre: Satzreihe – Satzgefüge; Ortsangaben; Verwendung von Imperfekt und Perfekt; Subjekts- und Objekts-Infinitiv; Verwendung der Adjektive im Satz
2. Formenlehre: Imperfekt der a-, e-, i- und der konsonantischen Konjugation sowie esse; Perfekt (-v-, -u-, -s-) der a-, e-, i-, konsonantischen Konjugation und esse; Perfekt der Dehnung, Reduplikation und Perfekt ohne Änderung

DER DRACHE

1. Hört ein Beispiel für die große Güte Gottes.

2. Einmal schickte sich ein Drache an, in Silena, einer Stadt in Nordafrika, einzufallen und alles zu zerstören.

3. Zuerst opferten die Senatoren dem Ungeheuer Tiere, wie Schafe und Rinder, weil sie die Stadt retten wollten.

4. Später – alle Tiere waren bereits tot – blieben nur noch Menschen übrig.

5. Deshalb verhandelten die Senatoren mit dem Volk und beschlossen, dem Drachen Menschen zu opfern.

6. Durch das Los suchten sie den ersten Menschen und fanden die Tochter des Königs.

7. Diese eilte zum Berg, wo sie sich hinsetzte und weinte, weil überall tiefes (wörtlich: großes) Schweigen herrschte und selbst das Land den Geist erschreckte.

Lösung zu 1.1

Satz 5: **egerunt – agere:** 3. Konjugation (konsonantische Konjugation)
sacrificare: 1. Konjugation (a-Konjugation)
statuerunt – statuere: 3. Konjugation

Satz 6: **quaesiverunt – quaerere:** 3. Konjugation
invenerunt – invenire: 4. Konjugation (i-Konjugation)

Satz 7: **contendit – contendere:** 3. Konjugation
sedit – sedere: 3. Konjugation
flevit – flere: 2. Konjugation (e-Konjugation)
fuit – esse: Hilfsverb
terruit – terrere: 2. Konjugation

Lösung zu 1.2

a) audio b) paro c) invado d) sacrifico e) volo
f) ago g) invenio

Lösung zu 1.3.1

-i, -sti, -t, -mus, -stis, -nt

Lösung zu 1.3.2

a) -v- b) -u- c) -u- d) -v-
e) -s- (c oder g vor s ergibt x; vgl. Grammatikteil in deinem Lateinbuch)
f) -s- g) -s-

Lösung zu 1.4

a) Draco urbem invadere paravit.
b) Senatores draconi bestias sacrificaverunt.
c) Cunctae bestiae mortuae fuerunt.
d) Sorte hominem quaesiverunt.
e) Ubique magnum silentium fuit.

Lösung zu 2

Jupiter (Zepter, Blitz, Adler), Apollon (Leier, Lorbeer), Mars (Rüstung), Juno (Pfau), Venus (Amorknabe), Merkur (Flügelschuhe und Heroldsstab)

DE VIRGINE ET EQUITE

1. Dum puella draconem, id est mortem, exspectat, subito eques pulcher apparuit.
2. Filia regis magna voce clamavit: »Decede statim et vitam tuam serva, ignote (von *ignorare)* amice!«
3. Eques risit et respondit: »Desine desperare, pulchra puella.
4. Deum preces vestrae moverunt, quod semper eum coluistis et pii fuistis.
5. Itaque auxilium praebere vult.
6. Propterea (= deswegen, aus diesem Grund) me mittit. Georgius eques Dei, domini mundi, sum.«
7. Et profecto Sanctus Georgius draconem necavit et ita homines a dracone liberavit.
8. Cuncti homines urbis equiti Dei gratias agere voluerunt, sed non iam eum viderunt.

(84 Wörter)

Wähle aus folgenden Übungen drei Aufgaben für den Ernstfall aus.
Bitte nutze die restlichen Fragen als zusätzliche Übung.

1. SPRACH- UND TEXTARBEIT

1.1 Suche aus der Prüfungsaufgabe III.2 (»De virgine et equite«) alle Substantive heraus, die ein Adjektiv als Attribut bei sich haben; schreibe Substantiv und Adjektiv auf und setze sie beide in den Genitiv!

1.2 Setze an folgende Bedeutungsteile den entsprechenden Signalteil für den Dat. Sing. und Plur.!
a) equit- b) reg- c) voc- d) domin- e) puell- f) urb-

1.3 Setze an folgende Bedeutungsteile den jeweiligen Signalteil für die 2. Pers. Sing. und Plural im Präsens und im Perfekt. Beachte im Perfekt das Kennzeichen für die Perfektbildung, das hier bewusst weggelassen wird!
a) exspect-a- b) col- (Sprechvokal) c) praeb-e-
d) appar-e- e) aud-i-

1.4 Übersetze!
a) Plötzlich erscheint ein schöner Ritter.
b) Rette dein Leben, unbekannter Freund!
c) Der hl. Georg hat die Menschen vom Drachen befreit.
d) Alle Menschen wollten dem Ritter Dank sagen.
e) Die Menschen sahen Georg nicht mehr.

2. KULTUR

2.1 Erzähle kurz die Legende von der jungen Frau und dem Ritter nach!

2.2 Kannst du erklären, warum auf vielen Bildern die Ritter Gottes, wie auch der hl. Georg, mit Gold und sonstigen hellen Farben (z. B. auf einem weißen Pferd / Schimmel sitzend) dargestellt werden?

Stoff: 1. Satzlehre: Satzreihe – Satzgefüge; Ortsangaben; Verwendung von Imperfekt und Perfekt; Subjekts- und Objekts-Infinitiv; Verwendung der Adjektive im Satz
2. Formenlehre: Imperfekt der a-, e-, i- und der konsonantischen Konjugation sowie esse; Perfekt (-v-, -u-, -s-) der a-, e-, i-, konsonantischen Konjugation und esse; Perfekt der Dehnung, Reduplikation und Perfekt ohne Änderung

DIE JUNGE FRAU UND DER RITTER

1. Während das Mädchen den Drachen, das heißt den Tod, erwartete (im Lateinischen steht nach *dum* in der Bedeutung von »während« immer das Präsens), erschien plötzlich ein schöner Ritter.

2. Die Tochter des Königs rief mit lauter Stimme: »Geh sofort weg und rette dein Leben, unbekannter Freund!«

3. Der Ritter lächelte und antwortete: »Höre auf zu verzweifeln, schönes Mädchen.

4. Gott haben eure Bitten bewegt, weil ihr ihn immer verehrt habt und gottesfürchtig gewesen seid.

5. Deshalb will er euch Hilfe gewähren.

6. Aus diesem Grund schickt er mich. Ich bin Georg, der Ritter Gottes, des Herrn der Welt.«

7. Und in der Tat hat der heilige Georg den Drachen getötet und so die Menschen von ihm befreit.

8. Alle Menschen der Stadt wollten dem Ritter Gottes danken, aber sie sahen ihn nicht mehr.

Lösung zu 1.1
Satz 1: eques pulcher – equitis pulchri
Satz 2: magna voce – magnae vocis
ignote amice – ignoti amici
Satz 3: pulchra puella – pulchrae puellae
Satz 7: Sanctus Georgius – Sancti Georgi
Satz 8: cuncti homines – cunctorum hominum

Lösung zu 1.2
a) equiti, equitibus
b) regi, regibus
c) voci, vocibus
d) domino, dominis
e) puellae, puellis
f) urbi, urbibus

Lösung zu 1.3
a) exspectas, exspectatis / exspectavisti, exspectavistis
b) colis, colitis / coluisti, coluistis
c) praebes, praebetis / praebuisti, praebuistis
d) appares, apparetis / apparuisti, apparuistis
e) audis, auditis / audivisti, audivistis

Lösung zu 1.4
a) Subito eques pulcher apparet.
b) Serva vitam tuam, amice ignote!
c) Sanctus Georgius homines a dracone liberavit.
d) Cuncti homines equiti gratias agere voluerunt.
e) Homines Georgium non iam viderunt.

Lösung zu 2.1
Der hl. Georg erscheint plötzlich in strahlendem Glanz, missachtet die Warnungen des weinenden Mädchens und tötet den Drachen im Kampf, nachdem er sich vorher als Bote Gottes offenbart hat. Als die Menschen ihm danken wollen, ist er so plötzlich wieder verschwunden, wie er gekommen war.

Lösung zu 2.2
Die Ritter und sonstige Boten Gottes werden sehr oft in hellsten Farben dargestellt, weil sie von Gott gesandt sind, der Herr allen Lichtes (Sonne) ist.

III.3 PRÜFUNG

Übersetzungsteil einer 3. Schulaufgabe / Klassenarbeit

Bitte löse zunächst den ersten Übersetzungsteil und nutze den zweiten Teil als zusätzliche Prüfungsaufgabe.

DE CORIOLANO I

1. Post aetatem regum multi gentes, velut (= wie zum Beispiel) Volsci, de montibus descenderunt et Romanos petiverunt, quod agri montani paulum fertiles *(fertilis, -is, -e* fruchtbar) non cunctis cibum praebere potuerunt.
2. Saepe Coriolanus, vir nobilis Romanus, Romam bene defendit.
3. Postea cum tribunis (= Tribun) vehementer contendit et propterea populus eum in exilium misit.
4. Hanc iniuriam non ignoscit et per iram castra hostium intrat.
5. Ibi Volscis affuit et cum eis Romanos petivit.

DE CORIOLANO II

1. Dum Volsci Romae appropinquant, mater et uxor clam (= heimlich) ad Coriolanum accedunt et dicunt:
2. »Cur cum hostibus urbem delere vis?
3. Quamquam enim urbem auxilio deorum munivimus, murus hostes non prohibebit (= prohibet).
4. Libera urbem a magno periculo! Num patriam delere cupis?«
5. Profecto verbis mulierum commotus (= bewegt) Volscos abducit.
6. Propterea Volsci Coriolanum postea necaverunt.

(63 Wörter + 51 Wörter)

Wähle aus folgenden Übungen drei Aufgaben für den Ernstfall aus.
Bitte nutze die restlichen Fragen als zusätzliche Übung.

1. SPRACH- UND TEXTARBEIT

1.1 Setze folgende Verben in die entsprechende Form des Perfekts!

a) descendunt b) petunt c) possunt d) defenditis
e) contendis f) mittimus g) adsum h) vis
i) cupis

1.2 Schreibe aus Satz 1 der Prüfungsaufgabe »De Coriolano I« sowie aus Satz 1 und 3 der Prüfung »De Coriolano II« Subjekt und Prädikat in den Haupt- und Nebensätzen auf.

1.3 In welchen Sätzen der vorliegenden Stücke erkennst du ein Satzgefüge? Nenne die entsprechende Subjunktion!

1.4 Nenne aus der Prüfungsaufgabe »De Coriolano I« drei Beispiele für eine Satzreihe (außer Satz 1)!

1.5 Übersetze!

a) Viele Völker stiegen von den Bergen herab und griffen Rom an.
b) Coriolan hat Rom gut verteidigt.
c) Das Volk schickte Coriolan in die Verbannung.
d) Begehrst du etwa, Rom zu zerstören?
e) Befreie die Stadt von einer großen Gefahr!

2. KULTUR

2.1 Wann wurde die Stadt Rom gegründet und wo befindet sich ihr ältester Kern?

2.2 Welches Volk hatte am Anfang einen ungeheuren Einfluss auf Rom? Wie heißt dieser Teil Italiens heute? Nenne zwei Flüsse, zwischen denen das Zentrum der Macht dieses Volkes lag!

Stoff: 1. Satzlehre: Satzreihe – Satzgefüge; Ortsangaben; Verwendung von Imperfekt und Perfekt; Subjekts- und Objekts-Infinitiv; Verwendung der Adjektive im Satz
2. Formenlehre: Imperfekt der a-, e-, i- und der konsonantischen Konjugation sowie esse; Perfekt (-v-, -u-, -s-) der a-, e-, i-, konsonantischen Konjugation und esse; Perfekt der Dehnung, Reduplikation und Perfekt ohne Änderung

CORIOLAN I

1. Nach der Epoche der Könige stiegen viele Volksstämme wie die Volsker von den Bergen herab und griffen die Römer an, weil die wenig fruchtbaren Felder auf den Bergen nicht alle ernähren (wörtlich: Speise gewähren) konnten.

2. Oft verteidigte Coriolan, ein römischer Adeliger, Rom gut.

3. Später stritt er heftig mit den (Volks-°)Tribunen und deshalb schickte ihn das Volk in die Verbannung.

4. Dieses Unrecht verzeiht er nicht und betritt im Zorn das Lager der Feinde.

5. Dort unterstützte er die Volsker und griff mit ihnen die Römer an.

CORIOLAN II

1. Während sich die Volsker Rom nähern, treten die Mutter und die Ehefrau heimlich an Coriolan heran und sagen:

2. »Warum willst du mit den Feinden die Stadt zerstören?

3. Obwohl wir nämlich mit Hilfe der Götter die Stadt befestigt haben, hält die Mauer die Feinde nicht ab.

4. Befreie die Stadt aus einer großen Gefahr! Du willst doch nicht etwa die Heimat zerstören?«

5. In der Tat zieht er (Coriolan°) von den Worten der Frauen bewegt die Volsker ab.

6. Deshalb töteten die Volsker später Coriolan.

Lösung zu 1.1

a) descenderunt b) petiverunt c) potuerunt d) defendistis
e) contendisti f) misimus g) affui h) voluisti i) cupivisti

Lösung zu 1.2

De Coriolano I

Satz 1: **Hauptsatz** Subjekt: gentes / Prädikat: descenderunt et petiverunt
Nebensatz Subjekt: agri / Prädikat: praebere non potuerunt

De Coriolano II

Satz 1: **Nebensatz** Subjekt: Volsci / Prädikat: appropinquant
Hauptsatz Subjekt: mater et uxor / Prädikat: accedunt et dicunt

Satz 3: **Nebensatz** Subjekt + Prädikat: munivimus
Hauptsatz Subjekt: murus / Prädikat: non prohibebit

Lösung zu 1.3

De Coriolano I Satz 1: Subjunktion: quod
De Coriolano II Satz 1: Subjunktion: dum
Satz 3: Subjunktion: quamquam

Lösung zu 1.4: Satz 3, 4 und 5 (Bindewort: et)

Lösung zu 1.5

a) Multae gentes de montibus descenderunt et Romam petiverunt.
b) Coriolanus Romam bene defendit.
c) Populus Coriolanum in exilium misit.
d) Num Romam delere cupis?
e) Libera urbem a magno periculo!

Lösung zu 2.1

Rom wurde im Jahr 753 vor Christus gegründet, der älteste Teil befindet sich auf dem Palatin.

Lösung zu 2.2

Neben den Griechen hatte das geheimnisvolle Volk der Etrusker den größten Einfluss auf Rom. Das Zentrum ihrer Macht lag zwischen Tiber und Arno, also in der jetzigen Toscana.

DE ORPHEO

1. Multi poetae Graecorum narrant Orpheum carminibus multum valuisse.

2. Scimus eum voce sua pulchra etiam saxa movisse et flere fecisse.

3. Eurydicam, puellam formosam et bonam, in matrimonium (= Ehe) duxit.

4. Dum celebrant, Eurydica in terram cadit et sine mente iacet.

5. Quamquam Orpheus et amici subito accurrunt et eam tollunt, auxilium praebere non possunt, quod puella iam mortua est.

6. Orpheus flere non cessavit et uxorem mortuam ex Orco *(Orcus, -i* = Unterwelt) servare cogitavit.

(68 Wörter)

Wähle aus folgenden Übungen drei Aufgaben für den Ernstfall aus.
Bitte nutze die restlichen Fragen als zusätzliche Übung.

1. SPRACH- UND TEXTARBEIT

1.1 Verwandle folgende Sätze in A.c.I.-Sätze. Das Wort, von dem sie abhängen, steht in Klammern.
- a) Orpheus carminibus multum valuit (Scitis).
- b) Voce pulchra etiam saxa movit (Audivimus).
- c) Eurydicam, puellam bonam, in matrimonium duxit (Poetae narrant).
- d) Eurydica in terram cadit et sine mente iacet (Dicunt).
- e) Orpheus flere non cessavit (scimus).

1.2 Bilde zu folgenden Verbformen den entsprechenden Infinitiv:

a) valuit	b) movit	c) movet	d) facit	e) fecit
f) duxit	g) possunt	h) accurritis	i) fuit	j) est

1.3 Schreibe heraus, welche Adjektive in der Prüfungsaufgabe »De Orpheo« attributiv, welche prädikativ verwendet werden.

1.4 Übersetze!
- a) Wir wissen, dass Orpheus die Menschen durch seine° Lieder bewegt hat.
- b) Ihr habt gehört, dass er auch Felsen weinen ließ (= machte).
- c) Eurydike fiel auf die Erde.
- d) Orpheus wusste, dass er auch Götter bewegen konnte (= könne).
- e) Die Dichter erzählen, dass Orpheus seine° Frau retten wollte.

2. KULTUR

2.1 Auf welche lateinischen Wurzeln kann man folgende italienische Wörter zurückführen?

a) uomo	b) provare	c) pane	d) pesce	e) padre
f) pace	g) vivere	h) via		

2.2 Schreibe folgende Inschrift in unserer gewohnten Schreibweise und übersetze sie: MULTOSTIMETQUEMMULTITIMENT.

Stoff: 1. Satzlehre: Satzreihe – Satzgefüge; Ortsangaben; Verwendung von Imperfekt und Perfekt; Subjekts- und Objekts-Infinitiv; Verwendung der Adjektive im Satz
2. Formenlehre: Imperfekt der a-, e-, i- und der konsonantischen Konjugation sowie esse; Perfekt (-v-, -u-, -s-) der a-, e-, i-, konsonantischen Konjugation und esse; Perfekt der Dehnung, Reduplikation und Perfekt ohne Änderung

ORPHEUS

1. Viele griechische Dichter erzählen, dass Orpheus durch seine° Lieder viel vermochte (= viel Einfluss hatte, viel galt).

2. Wir wissen, dass er mit seiner schönen Stimme auch Felsen rührte und zum Weinen brachte.

3. Er heiratete (wörtlich: führte ... in die Ehe) Eurydike, ein schönes und gutes Mädchen.

4. Während sie feiern, fällt Eurydike auf die Erde und liegt bewusstlos (wörtlich: ohne Bewusstsein) da.

5. Obwohl Orpheus und seine Freunde sofort herbeieilen und sie aufheben, können sie nicht helfen (wörtlich: keine Hilfe gewähren), weil das Mädchen bereits tot ist.

6. Orpheus hörte nicht auf zu weinen und beabsichtigte, seine tote Frau aus der Unterwelt zu retten.

Lösung zu 1.1

a) Scitis Orpheum carminibus multum valuisse.
b) Audivimus **eum** voce pulchra etiam saxa movisse.
c) Poetae narrant **eum** Eurydicam, puellam bonam, in matrimonium duxisse.
d) Dicunt Eurydicam in terram cecidisse et sine mente iacuisse.
e) Scimus Orpheum flere non cessavisse.

Lösung zu 1.2

a) valuisse b) movisse c) movere d) facere e) fecisse
f) duxisse g) posse h) accurrere i) fuisse j) esse

Lösung zu 1.3

Attributiv: Satz 1: multi poetae
Satz 2: voce pulchra
Satz 3: puellam formosam et pulchram
Satz 6: uxorem mortuam
Prädikativ: Satz 1: multum valuisse
Satz 5: puella mortua est

Lösung zu 1.4

a) Scimus Orpheum homines carminibus movisse.
b) Audivistis eum etiam saxa flere fecisse.
c) Eurydica in terram cecidit.
d) Orpheus scivit se etiam deos movere posse.
e) Poetae narrant Orpheum uxorem servare voluisse.

Lösung zu 2.1

a) homo b) probare c) panis d) piscis e) pater
f) pax g) vivere h) via

Lösung zu 2.2

Multos timet, quem multi timent.
Viele fürchtet der, den viele fürchten.

DE EURYDICA

1. Itaque Orpheus post breve tempus in Orcum ad Proserpinam, reginam mortuorum, descendit.

2. Ibi deam videt, consistit, lacrimas non iam tenere potest.

3. Ea diu verba eius non audit, sed postremo Orpheus voce sua singulari (= einmalig) etiam animum deae movet et Proserpina lacrimas fundit.

4. Tandem se facilem praebet et dicit: »Uxorem tibi statim cedam (übers.: cedo).«

5. Profecto iubet Eurydicam subito arcessere.

6. Orpheo dicit: »Non licet Eurydicam videre, antequam (= ehe; im Lateinischen mit Konjunktiv!) lux solis appareat.

7. Nisi id feceris (übers.: facis), uxorem numquam videbis (übers.: vides).«

8. Orpheus deae non paruit et Eurydica in Orco manere debuit.

(84 Wörter)

Stoff: 1. Satzlehre: A.c.I.; Verwendung von Plusquamperfekt und Futur II; Wortfragen, Relativsätze
2. Formenlehre: Plusquamperfekt + Futur II aller Konjugationsklassen + esse; ire, esse mit Komposita, velle, nolle; Pronomina: Personal-, Possessiv-, Interrogativ-Pronomina, is, ea, id, Relativpronomina

Wähle aus folgenden Übungen drei Aufgaben für den Ernstfall aus.
Bitte nutze die restlichen Fragen als zusätzliche Übung.

1. SPRACH- UND TEXTARBEIT

1.1 Bilde anhand des unten angeführten Beispiels aus dem A.c.I. einen Behauptungssatz und setze das Verbum, von dem der A.c.I. abhängig war, in Klammern dahinter.

Beispiel: *Scitis Orpheum flere non cessavisse.* Orpheus flere non cessavit. (Scitis)

a) Scitis Orpheum in Orcum ad Proserpinam descendisse.
b) Orpheus narrat se ibi reginam vidisse.
c) Orpheus narrat deam postremo lacrimas fudisse.
d) Audivimus Proserpinam Eurydicam arcessivisse.
e) Vobis iam dixi Orpheum deae non paruisse.

1.2 Stelle fest, wie folgende Perfektformen gebildet werden und übersetze sie!

a) mansi b) dixi c) veni d) vidisti e) cucurrimus
f) pepulit (nur für prima B1) g) parui h) monuisti i) ceciderunt
j) statuit k) petivi

1.3 Ergänze das Adjektiv pulcher, pulchra, pulchrum oder bonus, -a, -um oder magnus, -a, -um!

a) voce ... b) sors ... c) simulacrum ... d) iter ...
e) homines felices et ... f) arbores ... g) tempestate ...

1.4 Übersetze!

a) Der Dichter erzählt, dass Orpheus das Herz der Göttin gerührt (= bewegt) hat.
b) Diese befiehlt, Eurydike zu holen.
c) Wir wissen, dass auch die Göttin geweint hat.
d) Es war ihm nicht erlaubt, Eurydike zu sehen, weil er der Göttin nicht gehorcht hatte.
e) Orpheus sah seine Frau später nie.

2. KULTUR

2.1 Kennst du noch zwei berühmte Männer, die in die Unterwelt gegangen sind, und weißt du ihre Namen?
2.2 Wie heißt die Göttin der Unterwelt, wie ihr Gemahl?
2.3 Warum scheitert Orpheus beim Zurückholen seiner Gattin aus der Unterwelt?

EURYDIKE

1. Deshalb steigt Orpheus nach kurzer Zeit in die Unterwelt zu Proserpina, der Königin der Toten, hinab.

2. Dort sieht er die Göttin, bleibt stehen und° kann die Tränen nicht mehr zurückhalten.

3. Diese hört lange nicht auf seine Worte, aber schließlich bewegt Orpheus mit seiner einmaligen Stimme auch das Gemüt der Göttin, und Proserpina vergießt Tränen.

4. Endlich zeigt sie sich zugänglich und sagt: »Ich werde dir deine° Frau sofort überlassen.«

5. In der Tat lässt sie (wörtlich: befiehlt sie) Eurydike sofort herbeiholen.

6. Zu Orpheus sagt sie: »Es ist nicht erlaubt, Eurydike zu sehen, ehe das Sonnenlicht erscheint.

7. Wenn du das nicht tust, wirst du deine° Gemahlin niemals sehen.«

8. Orpheus gehorchte der Göttin nicht und Eurydike musste in der Unterwelt bleiben.

Lösung zu 1.1

a) Orpheus in Orcum ad Proserpinam descendit. (Scitis)
b) Orpheus ibi reginam vidit. (Narrat)
c) Dea postremo lacrimas fudit. (Orpheus narrat)
d) Proserpina Eurydicam arcessivit. (Audivimus)
e) Orpheus deae non paruit. (Vobis iam dixi)

Lösung zu 1.2

Perfektbildung mit Kennzeichen -s-:
a) ich bin geblieben b) ich habe gesagt
Perfektbildung mit Dehnung:
c) ich bin gekommen d) du hast gesehen
Perfektbildung mit Reduplikation:
e) wir sind gelaufen f) er hat getrieben i) sie sind gefallen
Perfektbildung mit Kennzeichen -u-:
g) ich habe gehorcht h) du hast ermahnt
Perfektbildung ohne Änderung:
j) er hat beschlossen
Perfektbildung mit Kennzeichen -v-:
k) er hat erlangt

Lösung zu 1.3

a) voce pulchra (oder: voce magna)
b) sors bona (oder: sors magna)
c) simulacrum pulchrum
d) iter magnum
e) homines felices et boni
f) arbores magnae
g) tempestate bona

Lösung zu 1.4

a) Poeta narrat Orpheum animum deae movisse.
b) Ea iubet Eurydicam arcessere.
c) Scimus etiam deam flevisse.
d) Ei non licuit Eurydicam videre, quod deae non paruerat.
e) Orpheus postea uxorem suam numquam vidit.

Lösung zu 2.1: Odysseus und Äneas

Lösung zu 2.2: Pluto und Proserpina

Lösung zu 2.3: Orpheus scheitert, weil er dem ausdrücklichen Befehl der Göttin nicht gehorcht.

DE CIRCA

1. Homerus narrat Ulixem post bellum Troianum multos annos per omnia maria erravisse.

2. Neptunum enim, deum maris, offenderat.

3. Aliquando multa nocte tempestas navem eius oppresserat et ad insulam Circae deae iactaverat *(iactare* werfen, schleudern).

4. Scitis eam formas hominum mutare potuisse et ex amicis Ulixis bestias fecisse.

5. Minerva dea Ulixem ab insidiis (= Nachstellungen) eius defendit.

6. Itaque is amicos servare potuit.

7. Postremo Circa eum amavit et sibi maritum (= Ehemann) vindicavit, sed Iuppiter eam Ulixem dimittere iussit.

(69 Wörter)

Wähle aus folgenden Übungen drei Aufgaben für den Ernstfall aus.
Bitte nutze die restlichen Fragen als zusätzliche Übung.

1. SPRACH- UND TEXTARBEIT

1.1 Bilde je 3 Perfektformen für die entsprechenden 6 Arten der Perfektbildung.
Beispiel: **Perfektbildung mit Kennzeichen -s-:** mansi
Perfektbildung durch Dehnung: veni

1.2 Warum steht in einem der folgenden Sätze Imperfekt, im anderen Perfekt?
a) Cenabamus apud amicos, cum nuntius venit.
b) Nautae orabant, sed piratae multos in mare praecipitaverunt.
c) Caesar Gallos superavit.
d) Germani agriculturae numquam studebant.

1.3 a) Wie lautet der Signalteil (Tempus-Zeichen + Personenzeichen) des Plusquamperfekts?
b) Konjugiere »currere« im Plusquamperfekt!

1.4 Übersetze!
a) Homer erzählt, dass Odysseus lange durch alle Meere irrte.
b) Kirke sagt, dass sie Odysseus liebe.
c) Odysseus behauptet, dass er der Ehemann von Penelope sei.
d) Neptun sagt, dass er Odysseus töten wolle.
e) Jupiter hat Kirke befohlen, Odysseus zu entlassen.

2. KULTUR

Übersetze und erkläre kurz folgende lateinische Sprüche:
a) Per aspera ad astra.
b) Iustitia fundamentum regnorum.
c) Ducunt volentem (qui vult) fata, nolentem (non) trahunt.

Stoff: 1. Satzlehre: A.c.I.; Verwendung von Plusquamperfekt und Futur II; Wortfragen, Relativsätze
2. Formenlehre: Plusquamperfekt + Futur II aller Konjugationsklassen + esse; ire, esse mit Komposita, velle, nolle; Pronomina: Personal-, Possessiv-, Interrogativ-Pronomina, is, ea, id, Relativpronomina

KIRKE

1. Homer erzählt, Odysseus sei nach dem Trojanischen Krieg viele Jahre über alle Meere geirrt.

2. Er hatte nämlich Neptun, den Gott des Meeres, beleidigt.

3. Einmal hatte in tiefer Nacht (stehender Ausdruck; wörtlich: viel Nacht) ein Sturm sein Schiff überwältigt und an die Insel der Göttin Kirke geschleudert.

4. Ihr wisst, dass diese die Gestalten der Menschen verwandeln konnte und aus den Freunden des Odysseus Tiere machte.

5. Die Göttin Minerva schützte Odysseus vor deren Nachstellungen.

6. Deshalb konnte dieser die Freunde retten.

7. Am Schluss verliebte sich Kirke in ihn und beanspruchte ihn als Ehemann, aber Jupiter befahl ihr, Odysseus freizugeben.

Lösung zu 1.1

a) Perfektbildung mit Kennzeichen -v-: audivi, narravi, quaesivi
b) Perfektbildung mit Kennzeichen -u-: monui, tacui, apparui
c) Perfektbildung mit Kennzeichen -s-: mansi, dixi, cessi
d) Perfektbildung durch Dehnung: veni, vidi, sedi
e) Perfektbildung durch Reduplikation: cucurri, pepuli, dedi
f) Perfektbildung ohne Veränderung: descendi, defendi, statui

Lösung zu 1.2

a) Im ersten und zweiten Satz steht das Imperfekt für einen oft stattfindenden Vorgang (Routinevorgang), das Perfekt für ein plötzlich eintretendes einmaliges Ereignis.
b) In Satz 3 handelt es sich um ein historisches Ereignis (historisches Perfekt).
c) In Satz 4 handelt es sich um eine fortwährend zu machende (andauernde) Beobachtung.

Lösung zu 1.3

a) eram, eras, erat, eramus, eratis, erant
b) cucurreram, cucurreras, cucurrerat, cucurreramus, cucurreratis, cucurrerant

Lösung zu 1.4

a) Homerus narrat Ulixem diu per omnia maria erravisse.
b) Circa dicit se Ulixem amare.
c) Ulixes contendit se maritum Penelopae esse.
d) Neptunus dicit se Ulixem necare velle.
e) Iupiter Circam Ulixem dimittere iussit.

Lösung zu 2

a) Über raue Pfade° zu den Sternen. Wer sich abmüht, hat Erfolg.
b) Die Gerechtigkeit ist das Fundament (die Grundlage) der Königreiche. (Auslegung nicht nötig)
c) Den Willigen führt das Schicksal, den Unwilligen zerrt es mit sich. Man muss sein Leben im positiven Sinn annehmen.

DE BELLO CLARO

1. Quis ignorat Paridem, filium Priami, regis Troiae, iudicavisse Venerem cunctas deas pulchritudine (Substantiv von *pulcher, pulchra, pulchrum)* superare?

2. Itaque Venus ei Helenam, mulierem pulchram, coniugem dedit, sed fraude non abstinebat; nam Paris ignoravit eam iam coniugem Menelai, regis Spartae, esse et reginam raptavit.

3. Duces Graecorum, quorum virtutem Homerus, poeta clarus temporum antiquorum, laudat, Troianos petiverunt et multos annos cum eis pugnaverunt.

4. Postquam Graeci illo equo ligneo (= hölzern) urbem Troiam deleverunt, in patriam navigaverunt, ubi multos fortuna mala exspectavit.

(75 Wörter)

Wähle aus folgenden Übungen drei Aufgaben für den Ernstfall aus.
Bitte nutze die restlichen Fragen als zusätzliche Übung.

1. SPRACH- UND TEXTARBEIT

1.1 Setze vor folgende Substantive die entsprechende Form von hic, haec, hoc:
a) dea b) deorum et dearum c) pulchritudine d) mulierem
e) fraude

1.2 Bestimme Kasus und Genus der folgenden Substantive:
a) pulchritudine b) duces c) virtutem d) temporum
e) poeta f) fraude

1.3 Bilde zu folgenden Verbformen den Imperativ Singular und Plural:
a) sepelivistis b) abstinebat c) petiverunt
d) iudicavisse e) arcessit f) colunt

1.4 Übersetze!
a) Ihr wisst, dass jene endlich die Stadt erobert haben.
b) Er urteilte, dass diese Frau alle übertreffe.
c) Homer, dessen Werke berühmt sind, lobt ihn.
d) Wir werden ein hölzernes *(ligneus, -a, -um)* Pferd bauen *(= construere)*.
e) Jene hörten dessen Worte.

1.5 Welche lateinischen Adjektive gehören zu folgenden Substantiven:
a) pulchritudo, -inis
b) beatitudo, -inis
c) magnitudo, -inis

2. KULTUR

Erkläre folgende Fremdwörter:
a) zivil / militärisch b) virtuos c) furios
d) Patriarch e) diffizil

Stoff: 1. Satzlehre: A.c.I.
2. Formenlehre: 3. Deklination: r-, n-, c-/g-Stämme, verschiedene Stämme mit einem Konsonanten; Demonstrativpronomina: is, ea, id / hic, haec, hoc / ille, illa, illud; i-Konjug. ohne Futur; konsonantische Konjugation; Futur und Futur exakt aller Konjugationen + esse

EIN BERÜHMTER KRIEG

1. Wer weiß nicht, dass Paris, der Sohn des Priamus, des Königs von Troja, das Urteil fällte, dass Venus alle Göttinnen an Schönheit übertreffe?

2. Deshalb hat ihm Venus Helena, eine schöne Frau, als Ehefrau gegeben, aber sie enthielt sich dabei° nicht des Betruges; denn Paris wusste nicht, dass sie bereits die Ehefrau des Menelaus, des Königs von Sparta, war und raubte die Königin.

3. Die Anführer der Griechen, deren Tapferkeit Homer, ein berühmter Dichter des Altertums, lobt, griffen die Trojaner an und kämpften viele Jahre lang mit ihnen.

4. Nachdem die Griechen mit jenem hölzernen Pferd die Stadt Troja zerstört hatten, segelten sie in die Heimat, wo viele ein schlimmes Schicksal erwartete.

Lösung zu 1.1
a) haec dea
b) horum deorum et harum dearum
c) hac pulchritudine
d) hanc mulierem
e) hac fraude

Lösung zu 1.2

a) Abl. Sing. Fem.	b) Nom. oder Akk. Pl. Mask.	c) Akk. Sing. Fem.
d) Gen. Pl. Neutrum	e) Nom., Abl. oder Vok. Mask.	f) Abl. Sing. Fem.

Lösung zu 1.3

a) sepeli, sepelite	b) abstine, abstinete	c) pete, petite
d) iudica, iudicate	e) arcesse, arcessite	f) cole, colite

Lösung zu 1.4
a) Scitis illos tandem urbem expugnavisse.
b) Iudicavit eam mulierem omnes superare.
c) Homerus, cuius opera clara sunt, eum laudat.
d) Equum ligneum construemus.
e) Illi verba eius audiverunt.

Lösung zu 1.5
a) pulcher, -chra, -chrum
b) beatus, -a, -um
c) magnus, -a, -um

Lösung zu 2
a) bürgerlich, für Bürger / von und für Soldaten, kriegerisch
b) herausragend, sehr tüchtig
c) wild, stürmisch
d) Eine Vaterfigur
e) schwierig

Bitte löse zunächst den ersten Übersetzungsteil und nutze den zweiten Teil als zusätzliche Prüfungsaufgabe.

DE AENEA I

1. Postquam Graeci Troianos vicerunt (*vincere* besiegen) et arcem oppidi expugnaverunt, milites, quibuscum contenderant (*contendere* kämpfen, behaupten), omnes fere exstinxerunt.

2. Uxores, liberos, senes servos abduxerunt.

3. Aeneas, vir pius et fortis, qui virtute omnes Troianos superavit, Venerem deam, matrem oravit:

4. »Adiuva nos, mater! Audite voces nostras et ducite nos in terram tutam, dei!«

5. Etiamsi ubique pericula ingentia imminebant et Anchises pater mortuus est, cum comitibus in Italiam venit.

DE AENEA II

1. Ibi primo ad umbras mortuorum descendit et patrem de futuris quaesivit.

2. Anchises filio dixit: »Posteri tui urbem condent, quae postea magnam partem (*pars, partis (f)* der Teil) orbis terrarum regnabit.

3. Etiam post multa saecula (= Jahrhunderte) homines lingua eorum, quam linguam Latinam nominabunt (*nominare* (be)nennen), dicent.«

4. Omnes, qui temporibus antiquis (= alte Zeiten) student, sciunt ea, quae pater Aeneae dixit, postea profecto evenisse (= sich ereignete).

5. Vos, cari (*carus, -a, -um* lieb, wert) discipuli (*discipuli, -orum* die Schüler), scitis Vergilium, praeclarum poetam (*poeta, -ae (m)* Dichter) Romanorum, et origines et sortem urbis Romae cecinisse.

(63 Wörter + 68 Wörter)

Wähle aus folgenden Übungen drei Aufgaben für den Ernstfall aus.
Bitte nutze die restlichen Fragen als zusätzliche Übung.

1. SPRACH- UND TEXTARBEIT

1.1 Analysiere nach einer dir bekannten Methode:
- a) Satz 1 von »De Aenea I« b) Satz 2 von »De Aenea II«

1.2 Bilde folgende Verbformen:
- a) 3. Pers. Plural Perfekt Aktiv von exstinguere
- b) 1. Pers. Singular Perfekt Aktiv von quaerere
- c) 1. Pers. Plural Futur Aktiv von vincere
- d) 2. Pers. Singular Imperfekt Aktiv von audire
- e) Imperativ Singular Präsens Aktiv von ducere

1.3 Konjugiere lateinisch und deutsch im Futur I Aktiv:
- a) ludere b) delere

1.4 Dekliniere nur lateinisch:
- a) monstrum ingens im Singular
- b) uxor pia im Singular und Plural

2. KULTUR

2.1 Nenne von folgenden römischen Göttern und Göttinnen den griechischen Namen, die Zuständigkeit und die Kennzeichen:
- a) Venus b) Mercurius c) Diana d) Ceres

2.2 Nenne den größten griechischen Dichter und seine zwei Werke!

2.3 Was ist ein Epos?

Stoff: 1. Satzlehre: Dativ als Objekt; Dativ des Besitzers; Abweichende Kasusrektionen; Satzgefüge; Gliedsätze als Adverbiale
2. Formenlehre: Nomina: Dativ, drei- und einendige Adjektive der 3. Dekl.; Futur der a-, e-, i-, konsonantischen Konjugation und esse

ÄNEAS I

1. Nachdem die Griechen die Trojaner besiegt und die Burg der Stadt erobert hatten, vernichteten sie fast alle Soldaten, mit denen sie gekämpft hatten.

2. Ehefrauen, Kinder und° Greise führten sie als Sklaven fort.

3. Äneas, ein pflichtbewusster und tapferer Mann, der an Tüchtigkeit alle Trojaner übertraf, betete zur Göttin Venus, seiner° Mutter:

4. »Hilf uns, Mutter! Hört unsere Stimmen und führt uns in ein sicheres Land, Götter!«

5. Auch wenn überall ungeheure Gefahren drohten und der Vater Anchises gestorben war, kam er (Äneas°) mit seinen° Gefährten nach Italien.

ÄNEAS II

1. Dort stieg er zuerst zu den Schatten der Toten hinab und fragte seinen° Vater nach der Zukunft.

2. Anchises sagte zu seinem° Sohn: »Deine Nachkommen werden eine Stadt gründen, die später einen großen Teil des Erdkreises regieren wird.

3. Auch nach vielen Jahrhunderten werden die Menschen in deren Sprache, die sie die lateinische Sprache nennen werden, sprechen.«

4. Alle, die sich dem Studium des Altertums widmen (wörtlich: alle, die sich um alte Zeiten bemühen), wissen, dass das, was der Vater dem Äneas sagte, sich später wirklich ereignete.

5. Ihr, liebe Schüler, wisst, dass Vergil, ein berühmter Dichter der Römer, sowohl die Ursprünge als auch das Schicksal der Stadt Rom besungen hat.

Lösung zu 1.1

a) **HS:** Subjekt (in Endung des Verbs exstinxerunt) ← Prädikat (exstinxerunt)
Akkusativobjekt (milites)
Attribut (omnes fere)
Attribut (Relativsatz)
NS: Subjunktion (postquam)
Subjekt (Graeci) ← Prädikat (vicerunt et expugnaverunt)
Akkusativobjekt (Troianos et arcem)
Genitiv-Attribut zu arcem (oppidi)

b) **HS 1:** Subjekt (Anchises) ← Prädikat (dixit)
Dativobjekt (filio)
HS 2: Subjekt (Posteri tui) ← Prädikat (condent)
Akkusativobjekt (urbem) mit
Attribut (Relativsatz)

Lösung zu 1.2

a) exstinxerunt b) quaesivi c) vincemus d) audiebas e) duc

Lösung zu 1.3

a) ludam, ludes, ludet, ludemus, ludetis, ludent
ich werde spielen, du wirst spielen, er / sie / es wird spielen, wir werden spielen, ihr werdet spielen, sie werden spielen

b) delebo, delebis, delebit, delebimus, delebitis, delebunt
ich werde zerstören, du wirst zerstören, er / sie / es wird zerstören, wir werden zerstören, ihr werdet zerstören, sie werden zerstören

Lösung zu 1.4

a) Singular: monstrum ingens, monstri ingentis, monstro ingenti, monstrum ingens, monstrum ingens, monstro ingente

b) Singular: uxor pia, uxoris piae, uxori piae, uxorem piam, uxor pia, uxore pia
Plural: uxores piae, uxorum piarum, uxoribus piis, uxores pias, uxores piae, uxoribus piis

Lösung zu 2.1

a) Venus – Aphrodite; Liebe und Schönheit; eine Muschel (Venusmuschel)

b) Mercurius – Hermes; Götterbote, Handel, Reise, Diebstahl; Flügelschuhe und -haube sowie Heroldsstab

c) Diana – Artemis; Jagd; Bogen und kurzer Rock

d) Ceres – Demeter; Fruchtbarkeit; Ähren und Früchte

Lösung zu 2.2: Homer: »Ilias« und »Odyssee«

Lösung zu 2.3: Erzählung in Versen (in Hexametern)

DE HANNIBALE

1. Scitis cives consiliis Hannibalis paruisse et eum cito cum militibus per Hispaniam et Galliam in Italiam contendisse.

2. Id fecit, quod Poeni antea victoriis Romanis cunctas naves amiserant.

3. Iam audivistis Hannibalem virtute et prudentia Romanos multis proeliis vicisse et eos paene de salute publica desperavisse.

4. Postremo Scipio, quem Romani postea Africanum appellaverunt, Hannibalem ex Italia pepulit.

5. Is Italiam reliquit et discessit, quod milites et commeatus (= Nachschub) ei defecerunt et quod patriam a militibus Scipionis defendere voluit.

(76 Wörter)

Wähle aus folgenden Übungen drei Aufgaben für den Ernstfall aus.
Bitte nutze die restlichen Fragen als zusätzliche Übung.

1. SPRACH- UND TEXTARBEIT

1.1 Setze folgende Verbformen ins Plusquamperfekt und übersetze sie dann!
a) audivistis b) dixisti c) manserunt d) cucurri e) dedimus
f) vicerunt g) fuisti h) fecimus i) consului

1.2 Setze die entsprechende Form von is, ea, id ein:
a) De bello narravit.
b) Iam adulescens inimicus fuit.
c) arbores iam vidimus.
d) In patria fui.
e) Romani contra adulescentem pugnaverunt.
f) Audivimus clamorem puellarum.
g) Vestis puerorum pulchra fuit.

1.3 Nenne zu folgenden Wörtern das Gegenteil!
a) laudare (nicht für prima B 1) b) dicere
c) arma capere (nur für Auspicia I) d) emere (nicht für Auspicia I)
e) currere f) defendere g) pax h) amicus

1.4 Übersetze!
a) Hasdrubal wünschte, zu den Waffen zu greifen.
b) Hannibal übertraf alle Feldherrn an Tüchtigkeit.
c) Dies haben die Römer beschlossen.
d) In eurer Stadt wollen sie euch auflauern (einen Hinterhalt legen; nicht für Cursus 1 B).
e) Befreit unsere Heimat von den Gefahren!

2. KULTUR

2.1 Warum konnte die ursprüngliche Landmacht Rom den Ersten Punischen Krieg gewinnen?

2.2 Erkläre folgende Begriffe:
a) Galeere b) Rammbock c) Enterbrücke

2.3 Womit hat Hannibal im Zweiten Punischen Krieg die Römer überrascht?

Stoff: 1. Satzlehre: A.c.I.; Verwendung von Plusquamperfekt und Futur II; Wortfragen, Relativsätze
2. Formenlehre: Plusquamperfekt + Futur II aller Konjugationsklassen + esse; ire, esse mit Komposita, velle, nolle; Pronomina: Personal-, Possessiv-, Interrogativ-Pronomina, is, ea, id, Relativpronomina

HANNIBAL

1. Ihr wisst, dass die Mitbürger Hannibals Ratschlägen gehorchten und dass er schnell mit den Soldaten durch Spanien und Frankreich nach Italien marschierte.

2. Dies tat er, weil die Punier vorher alle Schiffe durch die römischen Siege verloren hatten.

3. Ihr habt schon gehört, dass Hannibal durch Tüchtigkeit und Klugheit die Römer in vielen Schlachten besiegt hat, und diese beinahe an der Rettung des Staates verzweifelten.

4. Zuletzt vertrieb Scipio, den die Römer später Africanus nannten, Hannibal aus Italien.

5. Dieser verließ Italien und zog ab, weil es ihm an Soldaten und Nachschub mangelte und weil er die Heimat vor den Soldaten Scipios schützen wollte.

Lösung zu 1.1

a) audiveratis – ihr hattet gehört
b) dixeras – du hattest gesagt
c) manserant – sie hatten gewartet
d) cucurreram – ich war gelaufen
e) dederamus – wir hatten gegeben
f) vicerant – sie hatten gesiegt
g) fueras – du warst gewesen
h) feceramus – wir hatten getan
i) consulueram – ich hatte beraten

Lösung zu 1.2

a) De eo bello narravit.
b) Iam adulescens eis inimicus fuit.
c) Eas arbores iam vidimus.
d) In patria eorum fui.
e) Romani contra eum adulescentem pugnaverunt.
f) Audivimus clamorem earum puellarum.
g) Vestis eorum puerorum pulchra fuit.

Lösung zu 1.3

a) offendere b) tacere c) arma deponere d) vendere e) stare, sistere
f) bellum g) invadere, petere h) inimicus, hostis, adversarius

Lösung zu 1.4

a) Hasdrubal arma capere cupivit.
b) Hannibal omnibus imperatoribus virtute praestitit (oder: omnes imperatores superavit).
c) Ea Romani consuluerunt.
d) In urbe vestra vobis insidias parare volunt.
e) Liberate patriam nostram a periculis!

Lösung zu 2.1

Die Römer haben sich im Verlauf des Krieges zu einer Seemacht entwickelt, hauptsächlich durch die Erfindung der Enterbrücke.

Lösung zu 2.2

a) Ein Schiff mit vielen Ruderern
b) Ein großer Holzbalken mit einer massiven Eisenspitze, um Schiffe, Mauern etc. zu zerstören
c) Eine relativ breite Holzbrücke, die mit Eisenkrallen auf das gegnerische Schiff gelassen wurde, so dass Fußsoldaten auf das Deck des Gegners übersetzen konnten

Lösung zu 2.3

Hannibal hat die Pyräneen und die Alpen überquert und die Römer zu Land angegriffen.

DE BELLIS PUNICIS

1. Quamquam Romani Poenos primo bello Punico vicerant, Hasdrubal, imperator Carthaginiensium, rursus (= wieder) arma capere cupivit, quod Romani saepe iniurias fecerunt.

2. Propterea Hannibal, filius eius, qui cunctis imperatoribus virtute praestitit, Romanis iam adulescens inimicus fuit.

3. Semper in consilio Poenorum dicebat: »Audite ea, quae Romani consuluerunt; nam iam diu ea, quae cogitant, cognovi.

4. Insidias vobis in urbe vestra, in aedibus vestris parare volunt.

5. Itaque vos moneo: Liberate patriam a periculis! Petite mecum (= mit mir) Romanos in Italia!«

(72 Wörter)

Wähle aus folgenden Übungen drei Aufgaben für den Ernstfall aus.
Bitte nutze die restlichen Fragen als zusätzliche Übung.

1. SPRACH- UND TEXTARBEIT

1.1 Übersetze und beachte den Bedeutungsunterschied im Deutschen!
- a) Cato contendit Poenos hostes semper fuisse.
  Romam contenderunt. Si contendis, vincere potes.
- b) Id a patre petivimus. Romam petiverunt.
- c) Hannibal de pace egit. Romani gratias egerunt.

1.2 Bilde zu folgenden Verben den Infinitiv Perfekt!
a) cucurristi b) cessi c) invaserunt d) venimus e) vides
f) cado g) audiebam h) accurrerant i) contendere j) petivistis

1.3 Übersetze und vermerke durch eine Zahl in Klammern, ob es sich um ein einendiges, zweiendiges oder dreiendiges Adjektiv handelt!
a) vita brevis b) vita felici c) vita omnium mortalium
d) itinera difficilia e) Caesar se facilem praebuit.
f) Cato iudex gravis fuit. g) pugna difficilis et acris

1.4 Übersetze!
- a) Ihr wisst, dass Hannibal schnell mit den Soldaten nach Italien geeilt ist.
- b) Die Punier hatten alle Schiffe verloren.
- c) Ihr habt gehört, dass die Römer beinahe an der Rettung verzweifelten.
- d) Scipio hat Hannibal aus Italien vertrieben.
- e) Hannibal wollte die Heimat verteidigen.

2. KULTUR

2.1 Erkläre anhand der Übersetzungsaufgabe »De bellis Punicis«, warum Hannibal letztlich Italien verlassen musste.

2.2 Übersetze Cäsars Kurzmitteilung nach einer siegreichen Schlacht, die zum geflügelten Wort wurde: **veni, vidi, vici.**

2.3 Übersetze folgenden lateinischen Spruch und versuche, ihn im Bezug auf deine Lernsituation zu Hause zu deuten: **multum, non multa.**

Stoff: 1. Satzlehre: A.c.I.; Verwendung von Plusquamperfekt und Futur II; Wortfragen, Relativsätze
2. Formenlehre: Plusquamperfekt + Futur II aller Konjugationsklassen + esse; ire, esse mit Komposita, velle, nolle; Pronomina: Personal-, Possessiv-, Interrogativ-Pronomina, is, ea, id, Relativpronomina

DIE PUNISCHEN KRIEGE

1. Obwohl die Römer die Punier im Ersten Punischen Krieg besiegt hatten, wollte Hasdrubal, der Feldherr der Karthager, wieder zu den Waffen greifen, weil die Römer oft Ungerechtigkeiten begingen.

2. Aus diesem Grund war Hannibal, dessen Sohn, der alle Feldherrn an Tüchtigkeit übertraf, schon als junger Mann den Römern feindlich gesinnt.

3. Oft sagte er im Rat der Punier: »Hört das, was die Römer beschlossen haben; denn schon lange habe ich das, was sie dachten, erkannt.

4. Sie wollen euch in eurer eigenen° Stadt und in euren eigenen° Häusern auflauern (wörtlich: einen Hinterhalt stellen).

5. Deshalb ermahne ich euch: Befreit die Heimat von den Gefahren! Greift mit mir die Römer in Italien an!«

Lösung zu 1.1

a) Cato behauptete, dass die Punier immer Feinde gewesen seien.
Sie eilten nach Rom. Wenn du dich anstrengst, kannst du siegen.

b) Dies versuchten wir vom Vater zu erreichen. Sie griffen Rom an.

c) Hannibal verhandelte über den Frieden. Die Römer sagten Dank.

Lösung zu 1.2

a) cucurrisse	b) cessisse	c) invasisse	d) venisse	e) vidisse
f) cecidisse	g) audivisse	h) accurrisse	i) contendisse	j) petivisse

Lösung zu 1.3

a) ein kurzes Leben (2)

b) durch ein glückliches Leben (1)

c) das Leben aller Sterblichen (2, 2)

d) schwierige Märsche (2)

e) Cäsar zeigte sich leutselig (= umgänglich). (2)

f) Cato war ein ernster Richter. (2)

g) ein schwieriger und heftiger Kampf (2, 3)

Lösung zu 1.4

a) Scitis Hannibalem cito cum militibus in Italiam contendisse.

b) Poeni omnes naves amiserant.

c) Audivistis Romanos paene de salute desperavisse.

d) Scipio Hannibalem ex Italia pepulit.

e) Hannibal patriam defendere voluit.

Lösung zu 2.1

Hannibal musste Italien verlassen, weil er keinen Nachschub mehr bekam und weil Scipio Karthago direkt angriff.

Lösung zu 2.2

Ich kam, sah und siegte.

Lösung zu 2.3

Viel, aber nicht vieles.

Man soll sich bei seiner Arbeit intensiv mit einer Sache beschäftigen und nicht viele Dinge gleichzeitig beginnen (tun).

DE DIOGENE

1. Comperistisne aliquid de eo philosopho, cuius gloriam antiquis temporibus ne ii imperatores quidem *(ne ... quidem* nicht einmal) superaverunt, quorum virtus adhuc clara est.

2. Diogenes philosophus, de quo vobis narrare volo, vitam miseram agebat et Athenis sine uxore in dolio *(dolium, i (n)* Fass) habitabat.

3. Tamen vita libera valde gaudebat neque animus ei cadebat.

4. Philosophus eos mores servare cupivit, quos etiam nunc multi homines laudant.

5. Saepe multitudinem monuit: »Vitate luxuriam *(luxuria, -ae (f)* Luxus, Reichtum)! Si labores sustinueritis, etiam in summis periculis vincetis.«

(71 Wörter)

Wähle aus folgenden Übungen drei Aufgaben für den Ernstfall aus.
Bitte nutze die restlichen Fragen als zusätzliche Übung.

1. SPRACH- UND TEXTARBEIT

1.1 Bilde aus folgenden Sätzen jeweils einen Relativsatz!

- a) Diogenes philosophus clarus fuit. Gloria omnes superavit.
- b) Etiam imperatoribus praestitit. Virtus eorum adhuc clara est.
- c) Diogenes in dolio *(dolium, i (n)* Fass) habitavit. De eo narrare volo.
- d) Vita libera valde gaudebat. De ea iam audivistis.
- e) Mores antiquos servare voluit. Etiam nunc multi eos laudant.

1.2 Konjugiere im Futur I und II: a) sustineo, b) canto, c) cedo

1.3 Bilde einen A.c.I.-Satz!

- a) Diogenes gloria omnes superavit. (Comperistis)
- b) Is vitam miseram agebat. (Audivistis)
- c) Eam vitam valde amavit. (Diogenes dixit)
- d) In dolio libenter (= gern) habitavit. (Diogenes contendit)
- e) Mores antiquos servare voluit. (Diogenes semper dixit)

1.4 Übersetze!

- a) Hast du schon etwas vom Philosophen Diogenes gehört?
- b) Diogenes, dessen Leben elend war, ist berühmt.
- c) Er übertrifft viele Menschen, deren Leben ihr kennt (ich kenne = ich habe erkannt).
- d) Wenn ihr euch Mühe gebt (Futur II im Lateinischen!), werdet ihr siegen.
- e) Vermeidet den Luxus!

2. KULTUR

2.1 Wer verbreitete hauptsächlich die griechische Kultur in Rom?

2.2 Wo begegnest du heute noch, oft unbewusst, der griechischen Kultur?

Stoff: 1. Satzlehre: A.c.I.; Verwendung von Plusquamperfekt und Futur II; Wortfragen, Relativsätze
2. Formenlehre: Plusquamperfekt + Futur II aller Konjugationsklassen + esse; ire, esse mit Komposita, velle, nolle; Pronomina: Personal-, Possessiv-, Interrogativ-Pronomina, is, ea, id, Relativpronomina

DIOGENES

1. Habt ihr schon etwas über den Philosophen erfahren, dessen Ruhm in der Antike nicht einmal die Feldherrn übertroffen haben, deren Tüchtigkeit jetzt noch berühmt ist?

2. Der Philosoph Diogenes, von dem ich euch erzählen will, führte ein ärmliches Leben und wohnte in Athen ohne eine Frau in einem Fass.

3. Dennoch freute er sich sehr über sein freies Leben und ließ den Mut nicht sinken.

4. Als Philosoph wollte er diejenigen Sitten bewahren, die auch jetzt noch° viele Menschen loben.

5. Oft ermahnte er die Menge: »Meidet den Luxus! Wenn ihr Mühen ertragt, werdet ihr auch in den höchsten Gefahren siegen.«

Lösung zu 1.1

a) Diogenes, qui gloria omnes superavit, philosophus clarus fuit.
b) Etiam imperatoribus, quorum virtus adhuc clara est, praestitit.
c) Diogenes, de quo narrare volo, in dolio habitavit.
d) Ea vita libera, de qua iam audivistis, valde gaudebat.
e) Mores antiquos, quos etiam nunc multi laudant, servare voluit.

Lösung zu 1.2

a) Futur I: sustinebo, sustinebis, sustinebit, sustinebimus, sustinebitis, sustinebunt
Futur II: sustinuero, sustinueris, sustinuerit, sustinuerimus, sustinueritis, sustinuerint
b) Futur I: cantabo, cantabis, cantabit, cantabimus, cantabitis, cantabunt
Futur II: cantavero, cantaveris, cantaverit, cantverimus, cantaveritis, cantaverint
c) Futur I: cedam, cedes, cedet, cedemus, cedetis, cedent
Futur II: cessero, cesseris, cesserit, cesserimus, cesseritis, cesserint

Lösung zu 1.3

a) Comperistis Diogenem gloria omnes superavisse.
b) Audivistis eum vitam miseram egisse.
c) Diogenes dixit se eam vitam valde amare.
d) Diogenes contendit se libenter in dolio habitare.
e) Diogenes semper dixit se mores antiquos servare velle.

Lösung zu 1.4

a) Audivistine aliquid de Diogene philosopho?
b) Diogenes, cuius vita misera erat, clarus est.
c) Multos hominines superat, quorum vitam cognovistis.
d) Si operam dederitis, vincetis.
e) Vitate luxuriam!

Lösung zu 2.1

Die griechischen Hauslehrer und andere Sklaven, die als Ärzte, Architekten etc. in Rom arbeiteten und die vom Osten zurückkehrenden Feldherrn und ihre Soldaten verbreiteten die griechische Kultur in Rom.

Lösung zu 2.2

In vielen Schulfächern, z. B. Mathematik, Geometrie, Geographie, Biologie, und zahllosen Fremdwörtern, z. B. Stratege (Feldherr), Diät usw., begegnet man heute noch oft der griechischen Kultur.

DE DANTE

1. Dante, poeta clarus Florentinus (= aus Florenz), gloria ingenti operis sui, quod »Divinam Comoediam« (= »Göttliche Komödie«) appellavit, omnes poetas aetatis suae superavit.

2. Quod imperatores Germanicos (= deutsch), imprimis (= besonders) magnum Fredericum (= Friedrich) Barbarossam, laudaverat cives duri eum expulerunt.

3. In itineribus longis numquam desivit auxilium Dei orare neque ei in summis periculis animus cecidit.

4. In opere suo Dante ut Vergilius (Vergil: größter Dichter Roms), et de poenis terribilibus (von *terrere)*, quae animis malis apud inferos (= in der Unterwelt) imminent, et de praemiis animarum felicium narrat.

(66 Wörter)

Wähle aus folgenden Übungen drei Aufgaben für den Ernstfall aus.
Bitte nutze die restlichen Fragen als zusätzliche Übung.

1. SPRACH- UND TEXTARBEIT

1.1 Setze das entsprechende Relativpronomen ein und übersetze anschließend!

a) Dante,   opus omnes laudant, poeta clarus fuit.
b) Dante,   cives expulerant, per Italiam erravit.
c) Nomina eorum,   facta laudat, etiam nunc scimus.
d) Imperatores,   laudaverat, ei gratias egerunt.
e) Nonne Dante, de   narravi, vobis nunc notus est?

1.2 Setze folgende Verbformen ins Futur I und II.

a) expellunt b) desivit c) cecidit d) adsum
e) redierunt f) impleverat

1.3 Bestimme von folgenden Verbformen den Bedeutungs- und den Signalteil!

a) venerunt b) defecerat c) placebant d) videbis e) riserunt

1.4 Übersetze!

a) Dante, von dem ich erzählte, übertraf viele Dichter.
b) Er hatte die deutschen Kaiser gelobt, deren Ritter auch in Italien waren.
c) Die Bürger hatten ihn verbannt (übersetze: in die Verbannung geschickt).
d) Niemals ließ er den Mut sinken (nur für prima B 1).
e) Er erzählt von den Strafen, die den Bösen drohen.

2. KULTUR

2.1 Nenne das jeweilige lateinische Wort, das folgenden Wörtern zu Grunde liegt!

a) Fenster b) Pforte c) Keller
d) Automarken: Audi, Mercedes; Automodell: Astra
e) Inferno f) Penatencreme g) Familie
h) Matrone i) Pedal j) Invasion

2.2 Erkläre die Begriffe: Styx, Charon, Obolus, Elysium

Stoff: 1. Satzlehre: A.c.I.; Verwendung von Plusquamperfekt und Futur II; Wortfragen, Relativsätze
2. Formenlehre: Plusquamperfekt + Futur II aller Konjugationsklassen + esse; ire, esse mit Komposita, velle, nolle; Pronomina: Personal-, Possessiv-, Interrogativ-Pronomina, is, ea, id, Relativpronomina

DANTE

1. Dante, ein berühmter Dichter aus Florenz, hat durch den ungeheuren Ruhm seines Werkes, das er die »Göttliche Komödie« nannte, alle Dichter seiner Zeit übertroffen.

2. Weil er die deutschen Kaiser, insbesondere den bedeutenden (= großen) Friedrich Barbarossa, gelobt hatte, vertrieben ihn seine hartherzigen Mitbürger.

3. Auf seinen langen Reisen hörte er nie auf, die Hilfe Gottes zu erbitten, und er verlor auch in den höchsten Gefahren nicht den Mut.

4. In seinem Werk erzählt Dante, wie Vergil, sowohl von den fürchterlichen Strafen, die den schlechten Seelen in der Unterwelt drohen, als auch von den Belohnungen der glücklichen Seelen.

Lösung zu 1.1
a) Dante, cuius opus omnes laudant, poeta clarus fuit.
b) Dante, quem cives expulerant, per Italiam erravit.
c) Nomina eorum, quorum facta laudat, etiam nunc scimus.
d) Imperatores, quos laudaverat, ei gratias egerunt.
e) Nonne Dante, de quo narravi, vobis nunc notus est?

Übersetzung:
a) Dante, dessen Werk alle loben, war ein berühmter Dichter.
b) Dante, den seine° Mitbürger vertrieben hatten, irrte durch Italien.
c) Die Namen von denen, deren Taten er lobt, kennen wir auch heute.
d) Die Kaiser, die er gelobt hatte, sagten ihm Dank.
e) Ist euch nicht Dante, von dem ich erzählt habe, jetzt bekannt?

Lösung zu 1.2

a) expellent / expulerint	b) desinet / desiverit	c) cadet / ceciderit
d) adero / adfuero	e) redibunt / redierint	f) implebit / impleverit

Lösung zu 1.3
a) ven- (Bedeutungsteil im Perfekt), -erunt (Signalteil)
b) defec- (Bedeutungsteil im Perfekt), -erat (Signalteil)
c) place- (Bedeutungsteil), -bant (Signalteil)
d) vide- (Bedeutungsteil), -bis (Signalteil)
e) ris- (Bedeutungsteil Perfekt), -erunt (Signalteil)

Lösung zu 1.4
a) Dante, de quo narravi, omnes poetas superavit.
b) Imperatores Germanicos laudaverat, quorum equites etiam in Italia erant.
c) Cives eum in exilium miserant.
d) Numquam animo deficiebat.
e) De poenis, quae malis imminent, narrat.

Lösung zu 2.1

a) fenestra	b) porta	c) cella	d) audi, mercedes, astra
e) inferi, -orum	f) penates	g) familia	h) matrona
i) pes, pedis	j) invado		

Lösung zu 2.2
Styx: Fluss in der Unterwelt; Charon: Totenfährmann; Obolus: Münze, mit der man die Überfahrt ins Totenreich bezahlt; Elysium: Paradies

EURYLOCHUS NARRAT

1. In caupona amici ex Eurylocho, qui cum regibus Graecis Troiam petivit, quaerunt:

2. »Quid scis de bello Troiano? Tune proeliis adfuisti?«

3. Eurylochus: »Immo vidi nostros urbem ingentem cepisse et omnia secum traxisse.«

4. »Audivistine de sorte Ulixis?

5. Cur Neptunus Ulixem per omnia maria pepulit?«

6. Eurylochus: »Credo Ulixem deum verbis improbis laesisse et Polyphemo, filio eius, lumen oculorum rapuisse.

7. Conicio Ulixem id scelus commisisse, quod comites servare voluit.

8. Nunc desinam narrare.«

(68 Wörter)

Wähle aus folgenden Übungen drei Aufgaben für den Ernstfall aus.
Bitte nutze die restlichen Fragen als zusätzliche Übung.

1. SPRACH- UND TEXTARBEIT

1.1 Bilde zu den folgenden, aus dem vorliegenden Text (»Eurylochus narrat«) stammenden Infinitv Perfekt-Formen die 1. Person Singular Indikativ Präsens Aktiv!
a) cepisse b) traxisse c) laesisse d) rapuisse e) commisisse

1.2 Suche aus dem vorliegenden Text (»Eurylochus narrat«) je zwei Wort- und Satzfragen!

1.3 Bilde aus folgenden Verben Satzfragen, die die Antwort »ja« oder »nein« erwarten lassen, oder eine Frage darstellen, deren Antwort man nicht kennt!
a) Id vidisti b) veneris c) proeliis adfuerunt

1.4 Bilde aus folgenden Perfektformen die 1. Person Singular und Plural Indikativ Perfekt Aktiv!
a) petivit b) adfuisti c) audivisti d) pepulit e) voluit

1.5 Übersetze!
a) Hast du Helena gesehen?
b) Wollte Odysseus nicht seine Gefährten retten?
c) Warum hat Neptun den Odysseus über die Meere gejagt?
d) Wir wissen, dass Odysseus den Gott mit Worten verletzt hat.
e) Wer half (stand ... bei) Odysseus immer?

2. KULTUR

2.1 Warum kam es zum Trojanischen Krieg?

2.2 Erzähle kurz die Geschichte vom Urteil des Paris.

2.3 Wie erging es Agamemnon, dem Führer der Griechen, bei der Heimkehr?

Stoff: 1. Satzlehre: A.c.I.; Verwendung von Plusquamperfekt und Futur II; Wortfragen, Relativsätze
2. Formenlehre: Plusquamperfekt + Futur II aller Konjugationsklassen + esse; ire, esse mit Komposita, velle, nolle; Pronomina: Personal-, Possessiv-, Interrogativ-Pronomina, is, ea, id, Relativpronomina

EURYLOCHUS ERZÄHLT

1. In der Schänke fragen die Freunde Eurylochus, der mit den griechischen Fürsten Troja angegriffen hat:

2. »Was weißt du vom Trojanischen Krieg? Warst du bei den Schlachten persönlich° dabei?«

3. Eurylochus: »Ja, ich sah sogar, dass unsere Leute° die ungeheure Stadt einnahmen und alles mit sich nahmen.«

4. »Hörtest du vom Schicksal des Odysseus?

5. Warum hat Neptun (den) Odysseus über alle Meere getrieben?«

6. Eurylochus: »Ich glaube, dass Odysseus den Gott mit unverschämten Worten verletzt hat und seinem Sohn Polyphem das Augenlicht geraubt hat.

7. Ich vermute, Odysseus beging dieses Verbrechen, weil er die Gefährten retten wollte.

8. Jetzt werde ich aufhören zu erzählen.«

Lösung zu 1.1

a) capio b) traho c) laedo d) rapio e) committo

Lösung zu 1.2

Satzfragen: a) Tune proeliis adfuisti? (Satz 2, 2. Teil)
b) Audivistine de sorte Ulixis? (Satz 4)

Wortfragen: a) Quid scis de bello Troiano? (Satz 2, 1. Teil)
b) Cur [...] Ulixes [...] pepulit? (Satz 5)

Lösung zu 1.3

a) Nonne vidisti? (nonne in direkter Frage: bejahende Antwort wird erwartet)
Num vidisti? (num in direkter Frage: verneinende Antwort wird erwartet)
Vidistine? (Fragepartikel, wird nicht übersetzt)
b) Nonne venies? Num venies? Veniesne?
c) Nonne proeliis adfuerunt? Num proeliis adfuerunt? Proeliisne adfuerunt?

Lösung zu 1.4

a) petivi / petivimus b) adfui / adfuimus c) audivi / audivimus
d) pepuli / pepulimus e) volui / voluimus

Lösung zu 1.5

a) Vidistine Helenam?
b) Nonne Ulixes comites suos servare voluit?
c) Cur Neptunus Ulixem per maria agitavit?
d) Scimus Ulixem deum verbis laesisse.
e) Quis Ulixi semper adfuit?

Lösung zu 2.1

Es kam zum Krieg, weil der trojanische Prinz Paris Helena raubte, die mit Menelaos, dem König von Sparta, verheiratet war.

Lösung zu 2.2

Als drei Göttinnen darüber stritten, wer von ihnen die Schönste sei, entschied sich Paris, der zum Schiedsrichter bestellt war, für Venus und verärgerte damit Juno und Minerva, die beiden anderen Kandidatinnen.

Lösung zu 2.3

Agamemnon wurde nach der Heimkehr von Ägisthes, seinem Nebenbuhler, ermordet.

ASTERIX ET OBELIX ROMAM VISITANT

1. Asterix et Obelix Romam venerunt, quod Cantorigi (Cantorix ist der lateinische Name von Troubadix) amico, qui Romae in carcere iam animo defecerat, adesse voluerunt.

2. Ibi antea thermas, quae eis valde placebant, adierunt.

3. Asterix: »Peribo, nisi subito in aquam iniero.«

4. Obelix: »Adi, ades, iam frigidarium (= Kaltwasserbecken) videbis!«

5. Obelix se statim in aquam praecipitavit (= kopfüber hineinstürzen).

6. Tum omnes riserunt, quod vir ingens, qui plerosque homines magnitudine corporis superavit, totas thermas aqua impleverat.

7. Postremo amici Cantorigem liberaverant et in Galliam redierant, ubi apros assos *(apros assos* = Wildschweinbraten) cenaverunt.

(78 Wörter)

Fragenteil einer 4. Schulaufgabe / Klassenarbeit

Wähle aus folgenden Übungen drei Aufgaben für den Ernstfall aus.
Bitte nutze die restlichen Fragen als zusätzliche Übung.

1. SPRACH- UND TEXTARBEIT

1.1 Setze den in Klammern stehenden Infinitiv in die richtige Form des Futur II!
   a) Si id (facere), errabis.
   b) Nisi Romam mox (videre), peribo.
   c) Si id (videre), ages.
   d) Si patriam rursus (= wieder) (videre), deis gratias agam.
   e) Si ibi (esse), terror te invadet.

1.2 Bilde aus folgenden Sätzen jeweils einen Hauptsatz mit Relativsatz!
   a) Asterix Romam venit. Cantorigi adesse voluit.
   b) Obelix in thermas contendit. Nomen eius iam saepe audivistis.
   c) Iam video frigidarium. Id valde amo.
   d) Vir ingenti magnitudine corporis fuit. Propterea omnes eum laudaverunt.
   e) Postremo Cantorigem amicum liberaverant. Omnes eum amaverunt.

1.3 Zeichne den Satzbau von Satz 1 und Satz 7 (aus »Asterix et Obelix Romam visitant«) nach!

1.4 Übersetze!
   a) Asterix kam, weil er dem Freund, der im Gefängnis war, helfen wollte.
   b) Obelix eilte zu den Thermen, die ihm gefielen.
   c) Ich werde zu Grunde gehen, wenn ich mich nicht ins Wasser stürze.
   d) Alle lachten, weil er die gesamten Thermen überschwemmte (übersetze: mit Wasser anfüllte).
   e) Zuletzt waren sie nach Gallien zurückgekehrt.

2. KULTUR

2.1 Suche aus dem Text den Namen des Heimatlandes von Asterix und Obelix! Wie heißt dieses Land heute?

2.2 Wie heißt das Volk, von dem die Gallier ein Teil sind?
Wo war dieses Volk in Europa noch verbreitet?

2.3 Wie heißen die gallischen Priester?

Stoff: 1. Satzlehre: A.c.I.; Verwendung von Plusquamperfekt und Futur II; Wortfragen, Relativsätze
2. Formenlehre: Plusquamperfekt + Futur II aller Konjugationsklassen + esse; ire, esse mit Komposita, velle, nolle; Pronomina: Personal-, Possessiv-, Interrogativ-Pronomina, is, ea, id, Relativpronomina

IV.6 LÖSUNG

Übersetzungsteil

ASTERIX UND OBELIX BESUCHEN ROM

1. Asterix und Obelix sind nach Rom gekommen, weil sie ihrem Freund Cantorix, der im Gefängnis in Rom schon den Mut verloren hatte, helfen wollten.

2. Dort gingen sie vorher zu den Thermen, die ihnen sehr gefielen.

3. Asterix: »Ich gehe zu Grunde (wörtlich: ich werde zu Grunde gehen), wenn ich nicht sofort ins Wasser gehe (wörtlich: gehen werde).«

4. Obelix: »Komm her, sei da, schon wirst du das Kaltwasserbecken sehen.«

5. Obelix stürzte sich sofort kopfüber ins Wasser.

6. Da lachten alle, weil der ungeheure Mann, der die meisten Menschen an Körpergröße übertraf, die gesamten Thermen mit Wasser gefüllt hatte.

7. Schließlich hatten die Freunde den Cantorix befreit und waren nach Gallien zurückgekehrt, wo sie Wildschweinbraten aßen.

Lösung zu 1.1

a) Si id feceris, errabis.
b) Nisi Romam mox videro, peribo.
c) Si id videris, ages.
d) Si patriam rursus videro, deis gratias agam.
e) Si ibi fueris, terror te invadet.

Lösung zu 1.2

a) Asterix, qui Cantorigi adesse voluit, Romam venit.
b) Obelix, cuius nomen iam saepe audivistis, in thermas contendit.
c) Iam video frigidarium, quod valde amo.
d) Vir, quem omnes laudaverunt, ingenti magnitudine corporis fuit.
e) Postremo Cantorigem amicum, quem omnes amaverunt, liberaverant.

Lösung zu 1.3

Satz 1 **HS:** Subjekt (Asterix et Obelix) ← Prädikat (venerunt)
Adverbiale des Ortes (Romam)
NS: (Subjunktion) quod
Subjekt + Prädikat (in der Verbform: adesse voluerunt)
Objekt im Dativ (Cantorigi amico)
NS 2: Subjunktion (Relativpronomen: qui) Prädikat (defecerat)
Ablativ (von *deficere* abhängig: animo)
Adverb des Ortes (Romae in carcare)

Satz 7 **HS:** Subjekt (amici) ← Prädikat (liberaverant et redierant)
Objekt im Akk. (Cantorigem) Adverbiale des Ortes (in Galliam)
NS: Subjunktion (ubi)
Subjekt + Prädikat (im Verb und dessen Endung: cenaverunt)
Akkusativobjekt (apros assos)

Lösung zu 1.4

a) Asterix venit, quod amico, qui in carcere fuit, adesse voluit.
b) Obelix in thermas, quae ei placebant, contendit.
c) Peribo, nisi in aquam praecipitavero.
d) Omnes riserunt, quod totas thermas aqua implevit.
e) Postremo in Galliam redierant.

Lösung zu 2.1: Gallien; Frankreich

Lösung zu 2.2: Kelten; Spanien, Irland, England, Bayern und Österreich

Lösung zu 2.3: Druiden

DE AETATE FELICE

1. Olim toto orbe terrarum pax fuit.
2. Homines pii bellis crudelibus, tempestatibus et aliis periculis marium non perierunt.
3. Divites pauperes non vexabant.
4. Nemo periit, quod cibis carebat.
5. Omnes homines felices erant, quod mors, quam etiam hodie timemus, animos eorum terrere non poterat.
6. Difficile non erat in urbes inire aut ex eis exire, quod cives eas nondum (noch nicht) muris, qui animalia et hostes arcebant, muniverant.
7. Sine vi animalia hominibus paruerunt.
8. Quis non vult deum etiam nobis hanc vitam donaturum esse?

(80 Wörter)

Wähle aus folgenden Übungen drei Aufgaben für den Ernstfall aus.
Bitte nutze die restlichen Fragen als zusätzliche Übung.

1. SPRACH- UND TEXTARBEIT

1.1 Stelle in Satz 3 und 7 Subjekt, Prädikat und Objekt fest.

1.2 Bilde zu den drei folgenden Verbformen das Imperfekt, Futur, Perfekt, Plusquamperfekt und Futur II:
a) petitis b) eo c) sumus

1.3 Bilde zu den folgenden Perfektformen die 1. Person Sing. Ind. Präs. Aktiv:
a) adfuisti b) audivimus c) voluistis
d) istis e) laesisse f) cepisse

1.4 Setze den in Klammern stehenden Infinitiv in die richtige Form des Futur II:
a) Si id (velle), errabis.
b) Nisi Romam mox (videre), peribo.
c) Si id (videre), abibis.
d) Si dei me (adiuvare), in patriam redibo.
e) Si ibi (esse), dolebis.

1.5 Übersetze!
a) Auf dem ganzen Erdkreis herrschte (übersetze: war) Frieden.
b) Die Bürger gingen in die Städte hinein und aus ihnen heraus.
c) Die Menschen sind durch die Gefahren der Meere nicht zu Grunde gegangen.
d) Der Tod, den alle fürchten, erschreckte die Menschen nicht.
e) Wir wollen, dass Gott uns unterstützt.

2. KULTUR

Erkläre folgende aus dem Lateinischen stammende Fremdwörter:
a) Mandat b) Präsident c) offiziell d) Residenz

Stoff: Formenlehre: 3. Deklination: reine i-Stämme + Neutra, Konsonantenstämme, Mischklasse: gleichsilbige Subst. auf -es, -is, Subst. auf -s, Stämme mit zwei oder mehr Konsonanten, Subst. auf -nis, ungleichsilbige Subst. auf -is; 3. Dekl.: alle Adjektive; ire + Komp.; velle, nolle, malle; Reduplikationsperfekt; Perfektbild. auf s, Perfekt mit Dehnung + ohne Veränderung d. Stammvokals

EIN GLÜCKLICHES ZEITALTER

1. Einst herrschte auf dem gesamten Erdkreis Frieden.

2. Die gottesfürchtigen Menschen gingen nicht an grausamen Kriegen, Stürmen und anderen Gefahren der Meere zu Grunde.

3. Die Reichen schikanierten (wörtlich: quälten) die Armen nicht.

4. Niemand ging zu Grunde, weil er nichts zu Essen hatte.

5. Alle Menschen waren glücklich, weil der Tod, den wir auch heute fürchten, ihre Herzen nicht erschrecken konnte.

6. Es war nicht schwierig, in die Städte hinein- oder aus ihnen herauszugehen, weil die Bürger sie noch nicht mit Mauern befestigt hatten, die die Tiere und Feinde abhielten.

7. Ohne Gewalt gehorchten die Tiere den Menschen.

8. Wer will nicht, dass Gott auch uns dieses Leben schenkt (wörtlich: schenken wird)?

Lösung zu 1.1

Satz 3: **Subjekt** divites **Objekt** pauperes **Prädikat** vexabant
Satz 7: **Subjekt** animalia **Objekt** hominibus **Prädikat** paruerunt

Lösung zu 1.2

a) petebatis, petetis, petivistis, petiveratis, petiveritis
b) ibam, ibo, ii, ieram, iero
c) eramus, erimus, fuimus, fueramus, fuerimus

Lösung zu 1.3

a) adsum b) audio c) volo d) eo e) laedo f) capio

Lösung zu 1.4

a) Si id volueris, errabis.
b) Nisi Romam mox videro, peribo.
c) Si id videris, abibis.
d) Si dei me adiuverint, in patriam redibo.
e) Si ibi fueris, dolebis.

Lösung zu 1.5

a) Toto orbe terrarum pax fuit.
b) Cives in urbes inierunt et ex eis exierunt.
c) Homines periculis marium non perierunt.
d) Mors, quam omnes timent, homines non terruit.
e) Volumus deum nos adiuturum esse (im Lateinischen muss Zukünftiges immer im Futur ausgedrückt werden, im Deutschen nicht unbedingt, z. B. ich gehe morgen Pizza essen).

Lösung zu 2

a) Auftrag
b) Vorsitzender
c) von Amts wegen
d) Wohnsitz (Schloss, wenn es sich um den Wohnsitz von Fürsten etc. handelt)

IV. 8 PRÜFUNG

Schwerpunkt Felix B I | **Übersetzungsteil** einer 4. Schulaufgabe / Klassenarbeit

Bitte löse zunächst den ersten Übersetzungsteil und nutze den zweiten Teil als zusätzliche Prüfungsaufgabe.

DE ULIXE I

1. Homerus, quem omnes poetas *(poeta, -ae (m)* der Dichter) temporum antiquorum gloria superavisse scimus, de Ulixe, rege Ithacae, carmine praeclaro narrat.

2. Postquam Graeci Troianos post decem annos vicerunt, is diu per omnia maria erravit (= irrte), quod oculum Polyphemi, filii Neptuni, exstinxerat.

3. Itaque deus scelus crudele punire et Ulixem occidere cupivit.

4. Scimus regem etiam ad umbras mortuorum descendisse et ibi non solum matrem, sed etiam amicos et hostes vidisse.

5. Postquam umbra matris venit, flevit, quia putaverat eam adhuc vivere.

DE ULIXE II

1. Teiresias, vates praeclarus, ei futura praedixit *(praedicare* vorhersagen).

2. »Post longa itinera et multa pericula in Ithaka patrem, filium, uxorem videbis.

3. Mox in Thrinaciam insulam venietis et boves (= Rinder) praeclaros invenietis, quorum dominus Sol est.

4. Si eos occideritis et cenaveritis, Sol vos puniet et omnes comites exstinguet.

5. Iuppiter, pater deorum et hominum, solum te in Ithacam ducet.«

6. Homerus narrat comites Ulixis profecto boves occidisse et patriam (= Heimat) non iam vidisse.

(74 Wörter + 68 Wörter)

Fragenteil einer 4. Schulaufgabe / Klassenarbeit

Wähle aus folgenden Übungen drei Aufgaben für den Ernstfall aus.
Bitte nutze die restlichen Fragen als zusätzliche Übung.

1. SPRACH- UND TEXTARBEIT

1.1 Setze folgende Verbformen in das Perfekt, Plusquamperfekt und Futur II!
a) vincunt b) exstinguo c) vides d) invenitis e) occidit

1.2 Formuliere die deutsche Übersetzung so, dass im Deutschen die durch den lateinischen Fragepartikel beabsichtigte Antwort zweifelsfrei erscheint.
a) Nonne scitis Homerum Ulixem cecinisse?
b) Num Teiresiam vatem cognovistis?
c) Nonne comites Ulixis boves (Rinder) Solis occiderunt?
d) Videbitne Ulixes patrem?
e) Num comites Ulixis in Ithacam venient?

1.3 Analysiere nach der dir bekannten Methode aus »De Ulixe II« Satz 1 und 5.

1.4 Dekliniere: a) mare ingens b) omen malum

1.5 a) Welche drei Götter spielen in »De Ulixe I und II« eine Rolle?
b) Wer ist der mächtigste von ihnen und warum?

2. KULTUR

2.1 Nenne drei Städte römischen Ursprungs in Deutschland!

2.2 Wofür waren die folgenden Musen zuständig?
a) Klio b) Thalia c) Urania

2.3 Nenne das lateinische Ursprungswort für folgende deutsche Wörter:
a) Original b) Advokat c) Justiz
d) Palast e) kausal f) miserabel

Stoff: 1. Satzlehre: Wort-, Satz- und Wahlfragen
2. Formenlehre: Interrogativpronomina; Demonstrativpronomina; Plusquamperfekt; Futur II; Imperativ II

ODYSSEUS I

1. Homer, von dem wir wissen, dass er alle Dichter der Antike an Ruhm übertraf, erzählt in einem berühmten Epos (wörtlich: Gedicht) von Odysseus, dem König von Ithaka.
2. Nachdem die Griechen die Trojaner nach zehn Jahren besiegt hatten, irrte er lange über alle Meere, weil er das Auge Polyphems (einäugiger Riese / Zyklop), des Sohnes von Neptun, geblendet (wörtlich: vernichtet) hatte.
3. Deshalb wollte der Gott das grausame Verbrechen bestrafen und Odysseus töten.
4. Wir wissen, dass der König sogar zu den Schatten der Toten hinabstieg und dort nicht nur seine° Mutter, sondern auch Freunde und Feinde gesehen hat.
5. Nachdem der Schatten der Mutter gekommen war, weinte er, weil er geglaubt hatte, sie sei noch am Leben.

ODYSSEUS II

1. Teiresias, ein vortrefflicher Seher, sagte ihm die Zukunft voraus.
2. »Nach langen Reisen und vielen Gefahren wirst du in Ithaka Vater, Sohn und° Ehefrau sehen.
3. Bald werdet ihr zur Insel Thrinakia kommen und vortreffliche Rinder finden, deren Herr der Sonnengott ist.
4. Wenn ihr sie tötet und esst, wird euch der Sonnengott bestrafen und alle Gefährten vernichten.
5. Jupiter, der Vater der Götter und Menschen, wird nur dich nach Ithaka führen.«
6. Homer erzählt, dass die Gefährten des Odysseus tatsächlich die Rinder töteten und die Heimat nicht mehr sahen.

Lösung zu 1.1

a) vicerunt, vicerant, vicerint
b) exstinxi, exstinxeram, exstinxero
c) vidisti, videras, videris
d) invenistis, inveneratis, inveneritis
e) occidit, occiderat, occiderit

Lösung zu 1.2

a) Wisst ihr etwa nicht, dass Homer den Odysseus besungen hat?
b) Kennt ihr etwa den Seher Teiresias?
c) Haben die Gefährten des Odysseus nicht doch die Rinder des Sonnengottes getötet?
d) Wird Odysseus seinen Vater sehen?
e) Werden die Gefährten des Odysseus etwa nach Ithaka kommen?

Lösung zu 1.3

Satz 1: Subjekt (Teiresias) ← Prädikat (praedixit)
↘ Attribut (vates praeclarus)
Akkusativobjekt (futura) ←
Dativobjekt (ei) ←

Satz 5: Subjekt (Iuppiter) ← Prädikat (ducet)
↘ Attribut (pater deorum et hominum)
Akkusativobjekt (te) ←
Adverbiale des Ortes (in Ithacam)

Lösung zu 1.4

a) Singular: mare ingens, maris ingentis, mari ingenti, mare ingens, mari ingenti
Plural: maria ingentia, marium ingentium, maribus ingentibus, maria ingentia, maribus ingentibus
b) Singular: omen malum, ominis mali, omini malo, omen malum, omine malo
Plural: omina mala, ominum malorum, ominibus malis, omina mala, ominibus malis

Lösung zu 1.5

a) Jupiter, Neptun und Sol
b) Jupiter; er ist der Vater der Menschen und Götter.

Lösung zu 2.1: Köln, Augsburg und Regensburg

Lösung zu 2.2: a) Geschichtsschreibung b) Theater c) Astronomie

Lösung zu 2.3: a) origo, -inis b) advocatus, -a, -um c) iustitia, -ae d) palatium, -i e) causa, -ae f) miseria, -ae

INDEX

Der gesamte Stoff im Überblick

I. *PRÜFUNG*

I.1-I.4 **1. Satzlehre:** Subjekt + Prädikat; Akk. Objekt; Angabe der Richtung; Genitiv-Attribut; Ablativ als Adverbiale
2. Formenlehre: Konjugation im Präsens: a-, e-, i-Konjugation + esse; Deklination: a-, o-, konsonantische Deklination (Nom., Gen., Akk.)

I.5, I.6 **1. Satzlehre:** Dat. als Objekt; Dat. des Besitzes; Grundfunktionen des Ablativs; Fragesätze
2. Formenlehre: konsonantische Konjugation; Imperativ; Gesamte Dekl.: o-, konsonantische Deklination; Adjektive der a- und o-Dekl. (1. Teil)

I.7 **Formenlehre:** Präsens und Imperativ der a-, e-Konjugation + esse; a- und o-Deklination + Adjektive der a- und o-Deklination, Possessivpronomina

I.8 **1. Satzlehre:** Subjekt und Prädikat; Substantiv als Attribut und Prädikatsnomen; Subjekt im Prädikat; Akkusativ als Objekt, Ortsangaben mit Präpositionen; Präpositionalausdruck als Adverbiale; Ablativ als Adverbiale (Mittel, Grund)
2. Formenlehre: Substantive (Nominativ, Vokativ, Akkusativ, Ablativ); Verben im Präsens; Imperativ I; i-Konjugation; Personalpronomen; Substantive der dritten Deklination: Wortstamm

II. *PRÜFUNG*

II.1-II.4 **1. Satzlehre:** Dat. als Objekt; Dat. des Besitzes; Grundfunktionen des Ablativs; Fragesätze
2. Formenlehre: konsonantische Konjugation; Imperativ; Gesamte Dekl.: o-, konsonantische Deklination; Adjektive der a- und o-Dekl. (1. Teil)

II.5, II.6 **1. Satzlehre:** Satzreihe – Satzgefüge; Ortsangaben; Verwendung von Imperfekt und Perfekt; Subjekts- und Objekts-Infinitiv; Verwendung der Adjektive im Satz
2. Formenlehre: Imperfekt der a-, e-, i- und der konsonantischen Konjugation sowie esse; Perfekt (-v-, -u-, -s-) der a-, e-, i-, konsonantischen Konjugation und esse; Perfekt der Dehnung, Reduplikation und Perfekt ohne Änderung

II.7 **1. Satzlehre:** Ablativ der Trennung, des Mittels, des Orts, der Zeit; Präpositionen m. Ablativ und Akkusativ
2. Formenlehre: Imperfekt der a-, e-Konjugation + esse; v-Perfekt, u-Perfekt, Perfekt von esse; Plusquamperfekt; Pronomina: Personal-, Relativ-, Interrogativpronomina; 3. Deklination: r-Stämme

II.8 **1. Satzlehre:** Adjektiv als Attribut, KNG-Kongruenz (Kasus, Numerus, Genus), Adjektiv als Prädikatsnomen, Genitiv als Attribut; Akkusativ mit Infinitiv (A.c.I.), Pronomina im A.c.I.
2. Formenlehre: Substantive der o-Dekl. auf -(e)r und der 3. Dekl. (Genera, Neutra); Genitiv; Adjektive der a-, o- und 3. Dekl.; Pronomen is; Relativpronomen; Reflexivpronomen; Konsonantische Konjugation (i-Erweiterung); Imperfekt; Perfekt (-v-, -u-, -s-), ohne Stammveränderung sowie Reduplikations- und Dehnungsperfekt

III. *PRÜFUNG*

III.1-III.4 **1. Satzlehre:** Satzreihe – Satzgefüge; Ortsangaben; Verwendung von Imperfekt und Perfekt; Subjekts- und Objekts-Infinitiv; Verwendung der Adjektive im Satz
2. Formenlehre: Imperfekt der a-, e-, i- und der konsonantischen Konjugation sowie esse; Perfekt (-v-, -u-, -s-) der a-, e-, i-, konsonantischen Konjugation und esse; Perfekt der Dehnung, Reduplikation und Perfekt ohne Änderung

III.5, III.6 **1. Satzlehre:** A.c.I.; Verwendung von Plusquamperfekt und Futur II; Wortfragen, Relativsätze
2. Formenlehre: Plusquamperfekt + Futur II aller Konjugationsklassen + esse; ire, esse mit Komposita, velle, nolle; Pronomina: Personal-, Possessiv-, Interrogativ-Pronomina, is, ea, id, Relativpronomina

III.7 **1. Satzlehre:** A.c.I.
2. Formenlehre: 3. Deklination: r-, n-, c-/g-Stämme, verschiedene Stämme mit einem Konsonanten; Demonstrativpronomina: is, ea, id / hic, haec, hoc / ille, illa, illud; i-Konjug. ohne Futur; konsonantische Konjugation; Futur und Futur exakt aller Konjugationen + esse

III.8 **1. Satzlehre:** Dativ als Objekt; Dativ des Besitzers; Abweichende Kasusrektionen; Satzgefüge; Gliedsätze als Adverbiale
2. Formenlehre: Nomina: Dativ, drei- und einendige Adjektive der 3. Dekl.; Futur der a-, e-, i-, konsonantischen Konjugation und esse

IV. *PRÜFUNG*

IV.1-IV.6 **1. Satzlehre:** A.c.I.; Verwendung von Plusquamperfekt und Futur II; Wortfragen, Relativsätze
2. Formenlehre: Plusquamperfekt + Futur II aller Konjugationsklassen + esse; ire, esse mit Komposita, velle, nolle; Pronomina: Personal-, Possessiv-, Interrogativ-Pronomina, is, ea, id, Relativpronomina

IV.7 **Formenlehre:** 3. Deklination: reine i-Stämme + Neutra, Konsonantenstämme, Mischklasse: gleichsilbige Subst. auf -es, -is, Subst. auf -s, Stämme mit zwei oder mehr Konsonanten, Subst. auf -nis, ungleichsilbige Subst. auf -is; 3. Dekl.: alle Adjektive; ire + Komp.; velle, nolle, malle; Reduplikationsperfekt; Perfektbild. auf -s, Perfekt mit Dehnung + ohne Veränderung des Stammvokals

IV.8 **1. Satzlehre:** Wort-, Satz- und Wahlfragen
2. Formenlehre: Interrogativpronomina; Demonstrativpronomina; Plusquamperfekt; Futur II; Imperativ II

STOFFANGABEN

geordnet nach den Kapiteln der gängigen Lehrbücher

Auspicia I
K 01-21: I.7
K 20-42: I.1; I.2; I.5; I.6
K 22-41: II.7
K 42-61: III.7; IV.2; IV.3
K 62-79: II.2; III.1; III.2; III.3; IV.1; IV.4; IV.6; IV.7

Cursus 1 B
K 01-04: I.1; I.2; I.3; I.4
K 01-05: I.7
K 05-09: I.5; I.6; II.1; II.2; II.3; II.4
K 10-15: II.5; II.6; III.1; III.2; III.3; III.4
K 12-17: III.7
K 16-20: III.5; III.6; IV.1; IV.2; IV.3; IV.4; IV.5; IV.6; IV.7
K 17-20: II.7

Felix B I
K 01-11: I.8
K 12-23: II.8
K 24-30: III.8
K 31-42: IV.8

prima B 1
K 01-04: I.1; I.2; I.3; I.4
K 01-05: I.7
K 05-10: I.5; I.6; II.1; II.2; II.3; II.4
K 11-16: II.5; II.6; III.1; III.2; III.3; III.4
K 16-20: II.7
K 17-22: III.5; III.6; III.7; IV.1; IV.2; IV.3; IV.4; IV.5; IV.6; IV.7

STOFFANGABEN

zu den gängigen Lehrbüchern, geordnet nach den Kapiteln dieser Lernhilfe

I. *PRÜFUNG*

I.1 Auspicia I / 20-42; Cursus 1 B / 1-4; prima B 1 / 1-4
I.2 Auspicia I / 20-42; Cursus 1 B / 1-4; prima B 1 / 1-4
I.3 Cursus 1 B / 1-4; prima B 1 / 1-4
I.4 Cursus 1 B / 1-4; prima B 1 / 1-4
I.5 Auspicia I / 20-42; Cursus 1 B / 5-9; prima B 1 / 5-10
I.6 Auspicia I / 20-42; Cursus 1 B / 5-9; prima B 1 / 5-10
I.7 Auspicia I / 1-21; Cursus 1 B / 1-5; prima B 1 / 1-5
I.8 Felix B I / 1-11

II. *PRÜFUNG*

II.1 Cursus 1 B / 5-9; prima B 1 / 5-10
II.2 Auspicia I / 62-79; Cursus 1 B / 5-9; prima B 1 / 5-10
II.3 Cursus 1 B / 5-9; prima B 1 / 5-10
II.4 Cursus 1 B / 5-9; prima B 1 / 5-10
II.5 Cursus 1 B / 10-15; prima B 1 / 11-16
II.6 Cursus 1 B / 10-15; prima B 1 / 11-16
II.7 Auspicia I / 22-41; Cursus 1 B / 17-20; prima B 1 / 16-20
II.8 Felix B I / 12-23

III. *PRÜFUNG*

III.1 Auspicia I / 62-79; Cursus 1 B / 10-15; prima B 1 / 11-16
III.2 Auspicia I / 62-79; Cursus 1 B / 10-15; prima B 1 / 11-16
III.3 Auspicia I / 62-79; Cursus 1 B / 10-15; prima B 1 / 11-16
III.4 Cursus 1 B / 10-15; prima B 1 / 11-16
III.5 Cursus 1 B / 16-20; prima B 1 / 17-22
III.6 Cursus 1 B / 16-20; prima B 1 / 17-22
III.7 Auspicia I / 42-61; Cursus 1 B / 12-17; prima B 1 / 17-22
III.8 Felix B I / 24-30

IV. *PRÜFUNG*

IV.1 Auspicia I / 62-79; Cursus 1 B / 16-20; prima B 1 / 17-22
IV.2 Auspicia I / 42-61; Cursus 1 B / 16-20; prima B 1 / 17-22
IV.3 Auspicia I / 42-61; Cursus 1 B / 16-20; prima B 1 / 17-22
IV.4 Auspicia I / 62-79; Cursus 1 B / 16-20; prima B 1 / 17-22
IV.5 Cursus 1 B / 16-20; prima B 1 / 17-22
IV.6 Auspicia I / 62-79; Cursus 1 B / 16-20; prima B 1 / 17-22
IV.7 Auspicia I / 62-79; Cursus 1 B / 16-20; prima B 1 / 17-22
IV.8 Felix B I / 31-42

WORTSPEICHER

Zeichenerklärung:
hochgestellte Null°: die so gekennzeichneten Wörter brauchen nicht übersetzt zu werden, sondern wurden aus Verständnisgründen (Sinnzusammenhang!) eingefügt.

I.1 PRÜFUNG

Auspicia I
Satz 1 *silentium, -i (n)* Schweigen
Satz 2 *venire* kommen
Satz 3 *respondere* antworten
cessare zögern
Satz 7 *canis, canis (m)* Hund
tacere schweigen, still sein
Satz 8 *procul* von weitem, in der Ferne, weit weg
eques, equitis (m) Reiter, Ritter
Satz 9 *appropinquare* sich nähern
Satz 10 *gaudere* sich freuen
ridere lachen
Satz 11 *adsum* (von *adesse)* ich bin da (anwesend sein)
salve sei gegrüßt

prima B 1
Satz 1 *ardere* brennen
silentium, -i (n) Schweigen
Satz 3 *respondere* antworten
cessare zögern
Satz 7 *tacere* schweigen, still sein
Satz 8 *procul* von weitem, in der Ferne, weit weg
apparere erscheinen
Satz 9 *appropinquare* sich nähern

I.2 PRÜFUNG

Auspicia I
Satz 2 *venire* kommen
exspectare erwarten
Satz 4 *respondere* antworten
adsumus (von *adesse)* wir sind da (anwesend sein)
raeda, -ae (f) Wagen
Satz 5 *equus, -i (m)* Pferd
apportare herbeitragen, (mit)bringen
Satz 7 *statim* sofort
Satz 8 *sol, solis (m)* Sonne
iacere (da)liegen
silentium, -i (n) Schweigen
Satz 9 *bestia, -ae (f)* Tier
Satz 10 *ecce!* sieh da! seht!
Satz 11 *salve* sei gegrüßt
diu lange Zeit, lange

Cursus 1 B
Satz 4 *raeda, -ae (f)* Wagen
Satz 7 *volare* fliegen, eilen
Satz 9 *bestia, -ae (f)* Tier

prima B 1
Satz 4 *raeda, -ae (f)* Wagen
Satz 6 *apparere* erscheinen
cuncti alle
Satz 7 *incitare* antreiben
volare fliegen, eilen
Satz 8 *sol, solis (m)* Sonne
iacere (da)liegen
silentium, -i (n) Schweigen

I.3 PRÜFUNG

Cursus 1 B
Satz 9 *stupere* starren, staunen
Satz 10 *procurator -oris (m)* Verwalter
Satz 16 *uxor, uxoris (f)* Ehefrau

prima B 1
Satz 1 *cito* schnell
eques, -itis (m) Reiter, Ritter
appropinquare sich nähern
Satz 5 *unde?* woher?
Satz 7 *iubere* anordnen, befehlen
Satz 9 *stupere* starren, staunen
Satz 10 *procurator -oris (m)* Verwalter,
Satz 11 *administrare* verwalten
Satz 14 *navigare* segeln
Satz 15 *lacrima, -ae (f)* Träne

I.4 PRÜFUNG

Cursus 1 B
Satz 1 *accedere* herantreten, hingehen
Satz 2 *basilica, -ae (f)* Basilika, Halle
Satz 3 *turba, -ae (f)* Menschenmenge, Lärm, Verwirrung
mercator, -oris (m) Kaufmann
bestia, -ae (f) das Tier
vendere verkaufen
Satz 5 *contendere* eilen, sich anstrengen, behaupten
aedificium, -i (n) Gebäude
Satz 6 *petere* (auf)suchen, (er)streben, bitten
Satz 8 *complere* erfüllen, anfüllen
Satz 9 *relinquere* verlassen, zurücklassen

prima B 1
Satz 1 *appropinquare* sich nähern
Satz 3 *mercator, -oris (m)* Kaufmann
Satz 8 *complere* erfüllen, anfüllen
Satz 10 *audire* hören

I.5 PRÜFUNG

Auspicia I
Satz 2 *salve* sei gegrüßt
gaudere freuen
Satz 3 *venire* kommen
adest (von *adesse)* er ist da (anwesend sein)
Satz 4 *appropinquare* sich nähern
Satz 7 *homo, -inis (m)* Mensch
regina, -ae (f) die Königin
Satz 11 *ridere* lachen
respondere antworten
salutare (be-)grüßen
iam schon
diu lange, lange Zeit

Cursus 1 B
Satz 1 *visitare* besuchen
Satz 3 *adest* (von *adesse)* er ist da (anwesend sein)
Satz 4 *cibus, -i (m)* Speise
Satz 5 *cena, -ae (f)* Essen, Mahlzeit
Satz 6 *monstrare* zeigen
Satz 8 *mercator, -oris (m)* Kaufmann

prima B 1
Satz 1 *visitare* besuchen
Satz 4 *appropinquare* sich nähern
cibus, -i (m) Speise
Satz 6 *monstrare* zeigen
Satz 11 *salutare* (be-)grüßen

I.6 PRÜFUNG

Auspicia I
Satz 1 *venire* kommen
Satz 2 *apportare* herbeibringen
hodie heute
Satz 3 *respondere* antworten
adsumus (von *adesse)* wir sind da (anwesend sein)

Satz 3 *audire* hören
Satz 4 *gaudere* freuen
valde sehr
Satz 5 *iam* schon
diu lange Zeit, lange
Satz 6 *statim* sofort
Satz 8 *sedere* sitzen; hier: setzen, Platz nehmen
spectaculum Substantiv zu *spectare*
Satz 9 *subito* plötzlich
apparere erscheinen
Satz 10 *homo, hominis (m)* Mensch
stare stehen
salutare grüßen
salve sei gegrüßt
Satz 11 *porta, -ae (f)* das Tor, die Türe
patere offen stehen; hier: sich öffnen
equus, -i (m) Pferd
signum, -i (n) Zeichen
Satz 13 *furor, -oris (m)* die Raserei

Cursus 1 B
Satz 2 *ludus* Substantiv zu *ludere*
Satz 11 *porta, -ae (f)* das Tor, die Türe
patere offen stehen; hier: sich öffnen
Satz 13 *incitare* anfeuern

prima B 1
Satz 2 *apportare* herbeibringen
Satz 4 *valde* sehr
Satz 8 *spectaculum, -i (n)* Schauspiel
Satz 9 *apparere* erscheinen
Satz 10 *salutare* grüßen
Satz 13 *furor, -oris (m)* Raserei, Wahnsinn
incitare anfeuern

I.7 PRÜFUNG

Auspicia 1
Satz 1 *sedere* sitzen
hic hier
properare eilen
Satz 2 *rogare* fragen
Satz 7 *curare* Verb zu dem Substantiv *cura, -ae (f)*
Satz 8 *fortuna, -ae (f)* Glück, Schicksal

Cursus 1 B
Bitte im Lehrbuch die Possessivpronomina nachsehen!

prima B 1
Bitte im Lehrbuch die Possessivpronomina nachsehen!

II.1 PRÜFUNG

Cursus 1 B
Satz 1 *disputare* reden über, diskutieren
Satz 2 *ducere* führen
Satz 10 *alius ... alius* der eine ... der andere
Satz 13 *vivere* leben

prima B 1
Satz 1 *disputare* reden über, diskutieren
Satz 2 *nox, noctis (f)* Nacht
dormire schlafen
apparere erscheinen
Satz 3 *ambulare* spazieren gehen
Satz 5 *nihil* nichts
novus, -a, -um neu
Satz 6 *maestus, -a, -um* traurig
iudex, -icis (m) der Richter
Satz 7 *vitium, -i (n)* Fehler
Satz 8 *fortuna, -ae (f)* Glück, Schicksal
exemplum, -i (n) Beispiel
sapientia, -ae (f) Weisheit
cuncti, -ae, -a alle (zusammen)
Satz 10 *aequus, -a, -um* gleich
natus, -a, -um geboren
alius ... alius der eine ... der andere

Satz 11 *timere* Angst haben, fürchten
Satz 12 *necare* töten

II.2 PRÜFUNG

Auspicia I
Satz 1 *nonne?* (etwa) nicht? (Einleitung eines direkten Fragesatzes; erwartete Antwort: ja)
vis (von *velle)* du willst
Satz 2 *consistere* stehen bleiben
Satz 4 *spectare* betrachten, schauen auf
Satz 7 *lacrimare* weinen
Satz 8 *postea* hernach, später
dolus, -i (m) List
ligneus, -a, -um hölzern, aus Holz
Satz 9 *sumere* nehmen
vendere verkaufen
Satz 10 *non iam* nicht mehr, nicht wieder

Cursus 1 B
Satz 1 *fabula, -ae (f)* die Geschichte, Sage
poeta, -ae (m) der Dichter
narrare erzählen
vis (von velle) du willst
Satz 2 *consistere* stehen bleiben
Satz 3 *bellum, -i (n)* der Krieg
Satz 7 *lacrimare* Verb zum Substantiv *lacrima, -ae (f)*
Satz 8 *postea* hernach, später
dolus, -i (m) List
ligneus, -a, -um hölzern, aus Holz
delere zerstören
Satz 9 *incola, -ae (m)* Einwohner
aut oder
vendere verkaufen
Satz 10 *pars, partis (f)* der Teil
patria, -ae (f) die Heimat

prima B 1
Satz 1 *fabula, -ae (f)* die Geschichte, Sage
Satz 4 *terra, -ae (f)* die Erde, das Land
Satz 7 *lacrimare* Verb zum Substantiv *lacrima, -ae (f)*
necare töten
Satz 8 *dolus, -i (m)* List
ligneus, -a, -um hölzern, aus Holz
delere zerstören
Satz 9 *incola, -ae (m)* die Einwohner
aut oder
Satz 10 *fortuna, -ae (f)* das Schicksal, Glück
pars, partis (f) der Teil
non iam nicht mehr, nicht wieder

II.3 PRÜFUNG

Cursus 1 B
DE MONASTERIO HEISTERBACH I
Satz 1 *monasterium, -i (n)* Kloster
mercator, -oris (m) Kaufmann
per durch, über
viae, -ae (f) der Weg, die Straße
mons, montis (m) der Berg
Satz 2 *consistere* stehen bleiben; hier: Rast machen
Satz 3 *posse* können
Satz 4 *accedere* herankommen
gratias agere Dank abstatten, danken
vivere leben
Satz 5 *velle* wollen
Satz 6 *vendere* verkaufen
facere machen, tun, handeln
DE MONASTERIO HEISTERBACH II
Satz 4 *ostendere* zeigen
Satz 5 *relinquere* zurücklassen

prima B 1
DE MONASTERIO HEISTERBACH I
Satz 1 *monasterium, -i (n)* Kloster

Satz 2 *consistere* stehen bleiben; hier: Rast machen
Satz 3 *timere* Angst haben, fürchten
posse können
DE MONASTERIO HEISTERBACH II
Satz 1 *nox, noctis (f)* Nacht
Satz 7 *apparere* erscheinen
Satz 8 *accurrere* herbeilaufen, herbeikommen
Fragenteil:
1.2 b) *num* im direkten Fragesatz: etwa?

II.4 *PRÜFUNG*

Cursus 1 B
DE UXORE SENATORIS I
Satz 1 *uxor, -oris (f)* die Ehefrau
mercator, -oris (m) Kaufmann
Satz 2 *vestis, vestis (f)* das Gewand
velle wollen
Satz 3 *consistere* stehen bleiben
negotium, -i (n) Aufgabe, Geschäft
Satz 4 *victoria, -ae (f)* Sieg
Satz 5 *gratias agere* danken
iniuria -ae (f) Beleidung, Unrecht, Gewalttat
dolere (m. Abl.) schmerzen, bedauern;
Schmerz empfinden (über etwas)
vivere leben
Satz 6 *domum Adv.* nach Hause
habere haben
DE UXORE SENATORIS II
Satz 1 *panis, panis (m)* Brot
piscis, piscis (m) Fisch
Satz 2 *laudare* loben
Satz 3 *liberi, liberorum Pl.* Kinder
ostendere zeigen
Satz 5 *operam dare* Hilfe erweisen; sich Mühe geben, bemühen
relinquere verlassen
prima B 1
DE UXORE SENATORIS I
Satz 1 *matrona, -ae (f)* die (verheiratete) Frau
DE UXORE SENATORIS II
Satz 1 *panis, panis (m)* Brot
piscis, piscis (m) Fisch
Satz 2 *cito* schnell
Satz 5 *operam dare* Hilfe erweisen; sich Mühe geben, bemühen

II.5 *PRÜFUNG*

Cursus 1 B
Überschrift: *vulpes, -is (f)* Fuchs
corvus, -i (m) Rabe
Satz 1 *fames, -is (f)* Hunger
vexare quälen
Satz 2 *uva, -ae (f)* die Traube
murus, -i (m) die Mauer
pendentes (Partizip) hängende
Satz 6 *capere* nehmen, fassen, greifen
posse können
Satz 8 *desiderare* sich sehnen nach, vermissen
prima B 1
Überschrift: *vulpes, -is (f)* Fuchs
corvus, -i (m) Rabe
Satz 1 *fames, -is (f)* Hunger
vexare = torquere
quaerere suchen, fragen
Satz 2 *procul* weit entfernt
uva, -ae (f) die Traube
pendentes (Partizip) hängend
accurrere (von *currere)* herbeirennen, herbeieilen
Satz 3 *apparere* erscheinen
unde? woher?
Satz 4 *desinere* aufhören
Satz 5 *negare* verneinen, verweigern

Satz 5 *numen, -inis (n)* göttliche Macht, Gottheit
pius, -a, -um fromm, ehrfürchtig, gerecht
secundus, -a, -um günstig
Satz 8 *desiderare* sich sehnen nach, vermissen

II.6 *PRÜFUNG*

Cursus 1 B
DE MURE URBANA ET DE MURE RUSTICA I
Überschrift: *mus urbana et mus rustica* Stadt- und Landmaus
Satz 1 *aliquando* einmal
relinquere verlassen
soror, -oris (f) die Schwester
velle wollen
Satz 2 *caseus, -i (m)* der Käse
piscis -is (m) der Fisch
panis, -is (m) das Brot
Satz 3 *salus, salutis (f)* Rettung, Wohl
incipere anfangen, beginnen
Satz 5 *campus, -i (m)* das Feld
DE MURE URBANA ET DE MURE RUSTICA II
Satz 1 *saxum, -i (n)* Felsen, Stein
caput, capitis (n) Kopf
fenestra, -ae (f) das Fenster
Satz 3 *narrare* erzählen, berichten
Satz 6 *paulo post* kurz darauf, kurze Zeit später
felis, felis (f) Katze
prima B 1
DE MURE URBANA ET DE MURE RUSTICA I
Überschrift: *mus urbana et mus rustica* Stadt- und Landmaus
Satz 1 *aliquando* einmal
Satz 2 *caseus, -i (m)* der Käse
piscis, -is (m) der Fisch
panis, -is (m) das Brot
Satz 3 *sacrificare* Verbum zu *sacrum, -i (n)*
incipere anfangen, beginnen
Satz 4 *preces, precum (f)* die Bitten (Pluralwort)
Satz 5 *campus, -i (m)* das Feld
silentium, -i (n) das Schweigen
Satz 6 *cito* schnell
descendere herabsteigen
DE MURE URBANA ET DE MURE RUSTICA II
Satz 1 *saxum, -i (n)* Felsen, Stein
caput, capitis (n) Kopf
fenestra, -ae (f) das Fenster
apparere erscheinen
Satz 4 *statuere* festsetzen, beschließen
Satz 6 *felis, felis (f)* Katze

II.7 *PRÜFUNG*

Cursus 1 B
Bitte im Lehrbuch die Relativpronomina nachsehen!
Überschrift: *clarus, -a, -um* berühmt
Satz 1 *magister, -tri (m)* Lehrer
narrare erzählen
notus, -a, -um bekannt
Satz 2 *copiae, copiarum Pl.* Truppen
expugnare erobern
visitare besuchen
Satz 3 *divitiae, -arum (f)* Reichtum
contentus, -a, -um (mit Abl.) zufrieden (mit)
Satz 4 *vesperi* am Abend
otium, -i (n) Ruhe, freie Zeit, Muße
Satz 5 *monere* ermahnen
abstinere + Ablativ sich fernhalten von
impedimentum, -i (n) Hindernis
beatus, -a, -um glücklich
prima B 1
Bitte im Lehrbuch die Relativpronomina nachsehen!
Satz 1 *magister, -tri (m)* Lehrer
tempus, temporis (n) Zeit, Zeitpunkt

Satz 1 *notus, -a, -um* bekannt
Satz 2 *expugnare* erobern
visitare besuchen
Satz 3 *divitiae, -arum (f)* Reichtum
carere nicht haben, frei sein von
Satz 4 *vesperi* am Abend
otium, -i (n) Ruhe, freie Zeit, Muße
Satz 5 *abstinere + Ablativ* sich fernhalten von
impedimentum, -i (n) Hindernis
beatus, -a, -um glücklich

III.1 PRÜFUNG

Auspicia I
Überschrift: *draco, -onis (m)* Schlange, Drache
Satz 2 *invadere* eindringen, angreifen
delere zerstören
Satz 3 *ovis, -is (f)* Schaf
vacca, -ae (f) Kuh, Rind
sacrificare opfern
Satz 4 *restare* übrig sein, übrig bleiben, überleben
solus, -a, -um allein, bloß; hier: nur noch
Satz 5 *agere* verhandeln
statuere beschließen, aufstellen
Satz 7 *contendere* hier: *properare*
sedere sitzen, sich setzen
ubique überall
silentium, -i (n) Schweigen
Cursus 1 B
Überschrift: *draco, -onis (m)* Schlange, Drache
Satz 3 *bestia, -ae (f)* wilde Tier
velut(i) zum Beispiel
ovis, ovis (f) Schaf
vacca, -ae (f) Kuh
Satz 7 *contendere* hier: *properare*
prima B 1
Überschrift: *draco, -onis (m)* Schlange, Drache
Satz 2 *invadere* eindringen, angreifen
delere zerstören
Satz 3 *velut(i)* zum Beispiel
ovis, ovis (f) Schaf
vacca, -ae (f) Kuh, Rind
sacrificare Verb zu *sacrum*
Satz 4 *mortuus, -a, -um* Adjektiv zu *mors, mortis (f)*
Satz 5 *statuere* beschließen, aufstellen
Satz 6 *quaerere* suchen
Satz 7 *sedere* sitzen
ubique überall
silentium, -i (n) Schweigen
terra, -ae (f) das Land
mens, mentis (f) Geist

III.2 PRÜFUNG

Auspicia I
Überschrift: *virgo, virginis (f)* Mädchen, unverheiratete Frau
Satz 1 *draco, -onis (m)* Schlange, Drache
apparere erscheinen
Satz 2 *decedere* weggehen
Satz 3 *desperare* verzweifeln
Satz 4 *preces, -um (f)* die Bitten
vester, vestra, vestrum euer
pius, -a, -um fromm, gewissenhaft
Satz 5 *praebere* geben, hinhalten
Satz 6 *mittere* schicken
mundus, -i (m) Welt
Satz 7 *profecto Adv.* sicherlich, tatsächlich
ita Adv. so
Satz 8 *gratias agere = gratias habere*
Cursus 1 B
Überschrift: *virgo, virginis (f)* Mädchen, unverheiratete Frau
Satz 1 *draco, -onis (m)* Schlange, Drache
Satz 2 *filia, -ae (f)* vgl. *filius, -ii (m)*
Satz 5 *velle* wollen
Satz 6 *mundus, -i (m)* Welt
Satz 7 *ita Adv.* so
prima B 1
Überschrift: *virgo, virginis (f)* Mädchen, unverheiratete Frau
eques, equitis (m) Reiter, Ritter
Satz 1 *draco, -onis (m)* Schlange, Drache
apparere erscheinen
Satz 2 *decedere* weggehen
Satz 3 *desinere* aufhören
Satz 4 *preces, precum (f)* die Bitten
movere bewegen
pius, -a, -um fromm, gewissenhaft
Satz 6 *mundus, -i (m)* Welt
Satz 7 *profecto* tatsächlich

III.3 PRÜFUNG

Auspicia I
DE CORIOLANO I
Satz 1 *descendere* herabsteigen
paulus, -a, -um wenig
praebere darreichen, gewähren
Satz 3 *vehementer* Adv. heftig
contendere hier: streiten
mittere schicken
Satz 4 *ignoscere* verzeihen
Satz 5 *adesse* hier: helfen
DE CORIOLANO II
Satz 1 *appropinquare* sich nähern
accedere sich nähern
Satz 3 *prohibere* abhalten (von), hindern (an)
Satz 4 *num?* etwa? (Einleitung eines direkten Fragesatzes; erwartete Antwort: nein)
Satz 5 *profecto* in der Tat
abducere wegführen
Cursus 1 B
DE CORIOLANO I
Satz 1 *aetas, aetatis (f)* Zeitalter, Epoche
montanus, -a, -um Adjektiv zu *mons, montis (m)*
paulus, -a, -um wenig
posse können
Satz 2 *saepe* oft
nobilis, -e adelig, berühmt, vornehm
Satz 3 *vehementer Adv.* heftig
contendere hier: streiten
propterea deswegen
exilium, -ii (n) die Verbannung
Satz 4 *inuria, -ae* Unrecht
ignoscere verzeihen
ira, -ae (f) Zorn
castra, -orum (n) das Lager
hostis, -is (m) der Feind
Satz 5 *adesse* hier: helfen
DE CORIOLANO II
Satz 1 *uxor, uxoris (f)* Gattin
Satz 2 *delere* zerstören
velle wollen
Satz 3 *munire* befestigen
murus, -i (m) Mauer
prohibere abhalten (von), hindern (an)
Satz 4 *cupere* verlangen, wünschen, wollen, begehren
prima B 1
DE CORIOLANO I
Satz 1 *aetas, aetatis (f)* Zeitalter, Epoche
descendere herabsteigen
ager, agri (m) Feld, Acker
montanus, -a, -um Adjektiv zu *mons, montis (m)*
Satz 2 *saepe* oft
nobilis, -e adelig, berühmt, vornehm

Satz 3 *vehementer Adv.* zu *vehemens, vehementis*
contendere hier: streiten
propterea = propter
exiliium, -ii (n) die Verbannung
Satz 4 *castra, -orum (n)* das Lager
ignoscere verzeihen
DE CORIOLANO II
Satz 1 *appropinquare* sich nähern
Satz 2 *delere* zerstören
Satz 5 *abducere* wegführen

III.4 PRÜFUNG

Cursus 1 B
Satz 1 *poeta, -ae (m)* Dichter
carmen, carminis (n) Lied, Gedicht
Satz 2 *facere* machen
Satz 3 *ducere* führen
Satz 4 *celebrare* feiern
Satz 5 *posse* können
Satz 6 *uxor, uxoris (f)* Ehefrau, Gattin
prima B 1
Satz 2 *saxum, -i (n)* Fels, Stein
movere bewegen
Satz 3 *formosus, -a, -um* schön
Satz 4 *celebrare* feiern
cadere fallen
Satz 5 *accurrere = currere ad*
mortuus, -a, -um Adjektiv zu *mors, mortis (f)*
Satz 6 *cessare* aufhören

III.5 PRÜFUNG

Cursus 1 B
Satz 7 *facere* tun, machen
prima B 1
Satz 1 *brevis, brevis, breve* in kurzer Zeit, in Kürze
tempus, -oris (n) die Zeit, Zeitpunkt
mortuus, -a, -um Adjektiv zu *mors, mortis (f)*
descendere herabsteigen
Satz 3 *postremo* schließlich, endlich
movere bewegen
fundere vergießen
Satz 4 *se praebere* sich erweisen, sich zeigen
cedere hier: überlassen
Satz 6 *sol, solis (m)* die Sonne
apparere erscheinen
Satz 7 *nisi* wenn nicht

III.6 PRÜFUNG

Cursus 1 B
Satz 3 *aliquando* einmal
Satz 4 *bestia, -ae (f)* das wilde Tier
facere machen
prima B 1
Satz 2 *offendere* angreifen, beleidigen
Satz 3 *aliquando* einmal
opprimere überfallen, überwältigen
Satz 4 *mutare* verwandeln, ändern
Satz 7 *postremo* schließlich, endlich
vindicare beanspruchen

III.7 PRÜFUNG

Cursus 1 B
Satz 2 *mulier, mulieris (f)* Ehefrau, Gemahlin
coniunx, coniugis (f) Gemahlin
fraus, fraudis (f) Betrug
abstinere sich fernhalten, enthalten
rapere rauben
Satz 3 *dux, ducis (m)* Feldherr
quorum deren, Gen. Pl. Maskulinum von *qui, quae, quod*
virtus, virtutis (f) Tugend, Tapferkeit
Satz 3 *poeta, -ae (m)* der Dichter
antiquus, -a, -um alt
laudare loben
Satz 4 *delere* zerstören
prima B 1
Satz 1 *iudicare* verurteilen, ein Urteil fällen
Satz 2 *coniunx, coniugis (f)* Gemahlin
fraus, fraudis (f) Betrug
abstinere sich fernhalten, enthalten
Satz 3 *dux, ducis (m)* Feldherr
quorum deren, Gen. Pl. Maskulinum von *qui, quae, quod*
antiquus, -a, -um alt
Satz 4 *delere* zerstören
navigare Verb zu *navis, navis (f)*

IV.1 PRÜFUNG

Auspicia I
Satz 1 *cito Adv.* schnell
contendere = properare
Satz 2 *facere* machen, tun
amittere verlieren
Satz 3 *prudentia, -ae (f)* Klugheit
proelium, -i (n) Kampf, Schlacht
paene beinahe
desperare verzweifeln
Satz 4 *postremo* zuletzt
pellere vertreiben
Satz 5 *relinquere* verlassen
discedere weggehen
deficere ausgehen, verlassen, mangeln
Cursus 1 B
Satz 1 *miles, -itis (m)* Soldat
contendere eilen
Satz 2 *facere* machen, tun
amittere verlieren
Satz 3 *prudentia, -ae (f)* Klugheit
proelium, -i (n) Kampf, Schlacht
vincere siegen
paene beinahe
Satz 4 *pellere* vertreiben
Satz 5 *relinquere* verlassen
discedere weggehen
deficere ausgehen, verlassen, mangeln
prima B 1
Satz 1 *cito Adv.* schnell
Satz 3 *prudentia, -ae (f)* Klugheit
publicum, -i (n) der Staat
Satz 4 *postremo* zuletzt

IV.2 PRÜFUNG

Auspicia I
Satz 1 *capere* nehmen, ergreifen
Satz 2 *propterea* deswegen, aus diesem Grund
praestare (+ Dat.) = superare
inimicus, -a, -um Adjektiv zu *inimicus, -i (m) = hostis / adversarius*
cognoscere erkennen, erfahren
Satz 4 *aedes, aedium (f) = tectum, -i (n)*
Cursus 1 B
Satz 1 *iniuria, -ae (f)* Ungerechtigkeit
facere tun, machen
Satz 2 *propterea* deswegen, aus diesem Grund
virtus, virtutis (f) Tugend, Tapferkeit
praestare (+ Dat.) = superare
adulescens, -centis (m) junger Mann
inimicus, -a, -um Adjektiv zu *inimicus, -i (m) = hostis / adversarius*
Satz 3 *consulere* Verb zu *consilium, -i (n)*
Satz 4 *aedes, aedium (f)* Gebäude, Bauwerk
Satz 5 *monere* ermahnen

IV.3 *PRÜFUNG*

Auspicia I

Satz 1 *comperire* erfahren
-ne (Einleitung eines direkten Fragesatzes)
Satz 2 *agebat = habebat*
Satz 3 *valde Adv.* sehr
gaudere sich freuen
cadere fallen, sinken
Satz 5 *multitudo, -inis (f)* Substantiv zu *multus, -a, -um*
vitare vermeiden

Cursus 1 B

Satz 1 *aliquis, aliquis, aliquid* irgendeiner
virtus, virtutis (f) Tugend, Tapferkeit
Satz 4 *laudare* loben
Satz 5 *multitudo, -inis (f)* Substantiv zu *multus, -a, -um*
monere ermahnen
vitare vermeiden
vincere siegen, besiegen

prima B 1

Satz 1 *comperire* erfahren
aliquis, aliquis, aliquid irgendeiner
tempus, temporis (n) Zeit
Satz 2 *habitare* wohnen
Satz 3 *liber, libera, liberum* Adjektiv zu *liberare*
valde Adv. sehr
cadere fallen; hier: sinken lassen
Satz 5 *saepe* oft
multitudo, -inis (f) Substantiv zu *multus, -a, -um*
sustinere aushalten, ertragen

IV.4 *PRÜFUNG*

Auspicia I

Satz 2 *expellere* vertreiben
Satz 3 *neque* und nicht
summus, -a, -um der, die, das höchste
cadere fallen, sinken
Satz 4 *poena, ae (f)* Strafe
praemium, i (n) Belohnung
imminere drohen

Cursus 1 B

Satz 1 *poeta, -ae (m)* Dichter
gloria, -ae (f) Ruhm
Satz 2 *laudare* loben
expellere vertreiben
Satz 4 *poena, -ae (f)* Strafe
malus, -a, -um schlecht, böse
praemium, -i (n) Belohnung
imminere drohen

prima B 1

Satz 1 *opus, operis (n)* das Werk
aetas, aetatis (f) Zeit, Zeitalter
Satz 2 *egregius, -a , -um* hervorragend
durus, -a, -um hart, hartherzig
Satz 3 *longus, -a, -um* lang
cadere fallen, sinken lassen
Satz 4 *poena, -ae (f)* Strafe
malus, -a, -um schlecht, böse
imminere drohen
felix, felicis glücklich

IV.5 *PRÜFUNG*

Cursus 1 B

Satz 1 *caupona, -ae (f)* Schenke
Satz 2 *proelium, -i (n) = pugna, -ae (f)*
Satz 3 *immo* im Gegenteil, hier: ja, sogar
Satz 5 *pellere* (ver-)treiben
Satz 6 *improbus, -a, -um* frech, unverschämt
rapere rauben
Satz 7 *conicere* vermuten
scelus committere ein Verbrechen begehen
comitis, -itis (f/m) Gefährte
Satz 8 *desinere* aufhören

prima B 1

Satz 1 *caupona, -ae (f)* Schenke

IV.6 *PRÜFUNG*

Beachte verschiedene Komposita von »-ire« mit den jeweiligen Bedeutungen!

Auspicia I

Satz 1 *carcer, carceris (m)* Kerker
animo deficere den Mut sinken lassen
adesse beistehen, helfen
Satz 2 *valde Adv.* sehr
Satz 3 *nisi* wenn nicht
subito plötzlich, sofort
Satz 6 *plerique, pleraeque, pleraque* die meisten
Satz 7 *postremo* schließlich, endlich
cenare Verb zu *cena, -ae (f)*

Cursus 1 B

Satz 1 *carcer, carceris (m)* Kerker
animo deficere den Mut sinken lassen
Satz 2 *thermas adire = ire ad thermas*
Satz 6 *plerique, pleraeque, pleraque* die meisten
magnitudo, -inis (f) Substantiv zu *magnus, -a, -um*
implere anfüllen

prima B 1

Satz 1 *carcer, carceris (m)* Kerker
Satz 2 *valde Adv.* sehr
Satz 3 *nisi* wenn nicht
Satz 6 *magnitudo, -inis (f)* Substantiv zu *magnus, -a, -um*
implere anfüllen
Satz 7 *postremo* schließlich, endlich
cenare Verb zu *cena, -ae (f)*

IV.7 *PRÜFUNG*

Auspicia I

Satz 2 *pius, -a, -um* Adjektiv zu *pietas, -atis (f)*
Satz 5 *hodie* heute

Cursus 1 B

Satz 1 *olim* einst
orbis, -is (m) Kreis
pax, pacis (f) Frieden
Satz 2 *crudelis, -is, -e* grausam
Satz 3 *dives, -itis* reich
pauper, -eris arm
vexare quälen
Satz 4 *interire* hier wie *perire*
Satz 6 *murus, -i (m)* die Mauer
animal, animalis (n) Lebewesen, Tier
arcere hier wie *defendere*
munire befestigen

prima B 1

Satz 1 *olim* einst
Satz 2 *tempestas, -atis (f)* Sturm, Unwetter
Satz 3 *dives, -itis* reich
pauper, -eris arm
vexare quälen
Satz 4 *interire* hier wie *perire*
carere mangeln, nicht haben
Satz 5 *felix, -icis* glücklich
Satz 6 *difficilis, -is, -e* schwierig
civis, -is (m/f) Bürger
animal, animalis (n) hier wie *bestia, -ae (f)*
arcere hier wie *defendere*